맞춤형 수업과 교육 신경과학

생각은 크게,

Think Big,

Start Small

Gayle Gregory · Martha Kaufeldt 공저

조영남 역

시작은 작게

학지사

이 역서는 2016년도 대구교육대학교 특별연구과제 연구비 지원에 의하여
발간되었음.

역자 서문

 4차 산업혁명 시대에 접어들면서 학생들의 다양한 특성을 반영한 맞춤형 교육이 그 어느 때보다 강조되고 있다. 현재 시행되고 있는 2015 개정 교육과정은 지식정보 사회가 요구하는 핵심 역량을 갖춘 '창의 융합형 인재상'을 추구하고 있다. 창의 융합형 인재는 인문학적 상상력과 과학기술 창조력을 갖추고 바른 인성을 겸비하여, 새로운 지식을 창조하고 다양한 지식을 융합하여 새로운 가치를 창출하는 사람을 의미한다. 결국 창의 융합형 인재는 맞춤형 교육, 다시 말해 맞춤형 교육과정과 수업 그리고 평가를 통해 가장 잘 양성할 수 있다.

 이 책은 맞춤형 수업 분야의 전문가인 Gayle Gregory와 Martha Kaufeldt가 공저한 『Think Big, Start Small: How to Differentiate Instruction in a Brain-Friendly Classroom』(2012)을 번역한 것이다. 역자는 앞서 이 책의 공저자인 Gayle Gregory와 Carolyn Chapman이 저술한 『Differentiated Instructional Strategies: One Size Doesn't Fit All(맞춤형 수준별·개별화 수업 전략: 획일적 수업으로는 모두를 만족시킬 수 없다)』의 1판(2002)과 3판(2013) 그리고 Carolyn Chapman과 Rita King이 공저한 『Differentiated Assessment Strategies: One Tool Doesn't Fit All(맞춤형 수준별·개별화 평가 전략: 한 가지 도구로 모든 것을 평가할 수 없다)』(2판, 2012)을 공역하였다. 역자는 2017년 호주 시드니 소재 UTS(University of Technology Sydney)에 연구교수로 있을 때 이 책을 접하고 바로 번역을 결심하게 되었다.

 최근 신경과학 분야의 연구를 교육에 접목한 교육 신경과학이 급속도로 발전하고 있다. 이 책은 교육 신경과학을 맞춤형 수업에 적용한 매우 실용적이고 효과적인 내용을 담고 있다. 저자들의 의도처럼, 교육 신경과학 연구에 근거하여 두뇌의 작용을 잘 이해하면, 맞춤형 교육과정과 수업전략 그리고 교실 환경을 효과적으로 설계할 수 있다. 역자도 이 점에 공감하며 교육 신경과학과 맞춤형 교육과정 그리고 맞춤형 수업전략이 상생과 시너지 효과를 발휘할 수 있기를 기대한다.

이 책은 서론과 7개의 장으로 구성되어 있다.

서론은 장님과 코끼리 우화를 통해 두뇌 친화적 교실에서 맞춤형 수업을 어떻게 실행할 것인지를 개관하고 있다. 1장은 두뇌 기반 교수 · 학습의 배경지식과 교사의 마인드셋을 다루고 있다. 2장은 학습을 최적화하는 안전하고 확실한 두뇌 친화적인 환경을 어떻게 창안할 것인가를 탐구하고 있다. 3장은 학생들을 재미있고, 유의미하며, 자신들과 관련된 과제에 적극적으로 참여시키는 방법을 제시하고 있다. 4장은 두뇌의 성장과 발달이 경험에 어떻게 의존하고 영향을 받는지에 관한 연구를 제시하고 있다. 5장은 부진한 학습자들도 수용하고, 유능한 학습자들에게 도전의식을 심어 주기 위해 학습을 어떻게 수정하고 확장할 것인가를 논의하고 있다. 6장은 학생의 향상 정도를 평가하고 사정하여 피드백을 제공하는 방법을 탐구하고 있다. 끝으로 7장은 맞춤형 수업전략을 교실에 적용할 수 있도록 몇 가지 샘플 설계 지침을 제시하고, 이 책의 내용과 전략 및 실행 아이디어를 간략하게 요약하고 있다.

이 책의 제목인 '생각은 크게, 시작은 작게'는 목표는 크게 설정하되, 이를 한 번에 성취하기는 어려우니 작은 것부터 시작해서 큰 목표를 이룰 수 있도록 하라는 의미이다. 이는 노자의 『도덕경』 제63장에 나오는 "爲大於其細(위대어기세: 큰 목표를 실현하기 위해서는 작은 일에서 시작해야 한다)"와 상통한다. 두뇌 친화적 교실에서 학생들의 다양한 개인차에 적합한 맞춤형 수업을 실행하겠다는 철학과 목표를 가지되, 실천 가능한 작은 것에서부터 시작하여 점진적으로 최종 목표에 도달하는 것이 바람직하다.

"『생각은 크게, 시작은 작게(Think Big, Start Small)』는 새로운 시대정신을 반영한—과학적, 공학적 그리고 교육학적으로 견실한—가치 있고 유용한 책이다."

(Robert Sylwester, Oregon 대학교 교육학과 명예교수) "드디어 우리는 맞춤형 수업과 신경과학 두 분야의 잠재력을 실현하고, 교사들이 모든 연령 수준에서 사용할 수 있고 명확한 지침서로 활용 가능한 이 한 권의 멋진 책을 가지게 되었다."(Rich Allen, Green Light Education)와 같은 평가처럼, 이 책은 맞춤형 수업과 교육 신경과학을 접목한 이 분야의 역작이라 해도 과언이 아니다.

이 책이 유치원 및 초·중등 예비교사와 현장교사 그리고 관련 전공 대학원생 등 맞춤형 수업과 교육 신경과학을 접목하는 데 관심을 가진 모든 사람에게 유익하게 활용되어, 이 분야의 이론과 실제를 체계적으로 탐구하는 데 조금이라도 도움이 되기를 바란다. 원문의 의미를 충실히 전달하고자 노력하였으나, '번역자(translator)는 반역자(traitor)'라는 말처럼 문화적 차이로 인해 의미를 제대로 전하지 못하거나, 역자가 미처 찾아내지 못한 결함과 오류가 있을 것으로 예상된다. 이에 대한 모든 책임은 역자에게 있으며, 잘못된 점은 추후 계속해서 수정·보완할 생각이다. 이 자리를 빌려 맞춤형 수업과 교육 신경과학 분야에 대한 관심과 연구 노력을 자극하고 이끌어 주신 역자의 멘토, 故 진위교 선생님께 특별한 감사의 인사를 드리고자 한다.

끝으로 어려운 환경에도 불구하고, 번역 출판을 흔쾌히 승낙해 주신 학지사의 김진환 사장님과 편집부의 이영봉 선생님을 비롯해 수고해 주신 모든 임직원분께 깊이 감사드린다.

역자 조영남

감사의 글

Solution Tree Press는 다음 검토자들에게 감사의 뜻을 전하고자 합니다.

John Almarode
버지니아 해리슨버그 소재 James Madison 대학교 유아 및 초등교육과 조교수

George Rod Larsen
플로리다 윈터가든 소재 West Orange 고등학교 과학과 주임교사

Katie Martin
뉴욕 세니커폴즈 소재 Elizabeth Cady Stanton 초등학교 3~5학년 독서교사

Jerald Schenck
펜실베이니아 라이츠빌 소재 Wrightsville 초등학교 4학년 교사

Marilee Sprenger
일리노이 피오리아 지역 교육 컨설턴트

차례

서론

> 맞춤형 수업은 혁신적인 것도 아니고 무언가 특별한 것도 아니다.
> 맞춤형 수업은 단지 우리가 전문가로서 책임을 맡고 있는 개별 학생들
> 의 성공을 지원하기 위한 목적으로 사려 깊게 가르치는 것이다.
>
> —David A. Sousa와 Carol Ann Tomlinson

'맞춤형 수업(differentiated instruction)이라는 이 새로운 유행어는 무엇을 의미하는가?' 최근 우리 중 한 사람에게 이러한 질문이 던져졌다. 대답은 간단하였다. 새롭다고? 전혀 아니다. 훌륭한 교사들은 이미 수백 년 동안 맞춤형 수업을 해 왔다. 그들은 교육과정을 이해하고 교실에 있는 학생들을 관찰하고 그들의 요구와 준비도, 관심과 선호 그리고 학습 프로파일에 따라 학습 경험을 설계한다. 그런 다음, 일부 학생이 더 빨리 받아들이고 더 깊은 수준을 요구하면 그들에게 도전거리를 제공한다. 만약 다른 학생들이 가르친 내용을 잘 이해하지 못하면, 수업전략 도구상자(toolkits)를 활용하여 또 다른 접근방법을 시도한다.

맞춤형 수업은 수업이라는 예술(art)과 과학(science)의 핵심이다. 일부 교사는 직관적으로 맞춤형 수업을 하는 반면, 다른 교사들은 안내와 격려 그리고 아이디어를 담은 도구상자가 필요하다. 그러나 많은 수업전략 레퍼토리를 갖추고 있다 하더라도 교사가 인간의 두뇌가 어떻게 성장하고 발달하며 학습하는지를 기본적으로 이해하지 못하면, 교실에서 영향력을 미치지 못할 수도 있다. 현명한 전략이라도 '두

뇌에 적대적인(brain-antagonistic)' 환경에서 사용하면 종종 실패한다.

학습과 주의집중, 기억, 감성 그리고 스트레스에 대한 신경과학 연구를 통해 두뇌의 기초를 이해하면, 교실 환경과 교육과정 그리고 수업전략을 설계하는 데 탄탄한 기반으로 활용할 수 있다. 어떤 사람들은 교육 신경과학(educational neuroscience)이 수업 현장에 너무 성급하게 야심적으로 적용되고 있다고 생각할 수도 있지만, 많은 사람은 교육자들이 두뇌가 어떻게 하면 가장 잘 작용하는가를 더 잘 이해할 수 있기 때문에, 학습 과정에서 교육 신경과학을 자연스럽게 적용할 수 있을 것으로 믿고 있다.

학습에 대해 우리가 알고 있는 것

어린 시절 저자들은 풍요롭고 우호적이며 안정적인 환경에서 우리의 감각을 자극하는 훌륭한 가족들과 함께 자랐다. 가족들은 실패나 좋지 못한 영향에 대한 두려움 없이, 우리가 관심과 의욕을 가진 것을 마음껏 탐구하고 발견하도록 권장하였다.

우리의 초기 학창 시절은 사회적·정서적으로 잘 발달하고 위협이 없는 환경에서 열성적인 교사들과 함께 스펀지처럼 학습할 수 있는 기회로 가득 찼다. 우리는 음악과 드라마 그리고 창의성에 대한 열정을 계발하였다. 저자들은 우리를 격려하는 한편, 우리에게 도전의식을 제공하고 우리가 가진 지식과 기능에 적합한 흥미 있고 창의적인 학습 경험과 전략으로 주제를 생동감 있게 제시하며 새로운 세상을 열어 준 위대한 교사들에게 감사드린다. 그들은 우리가 이해한 것을 실증하고 새로운 개념과 기능 및 정보를 확인하는 프로젝트와 모델을 창안할 것을 권장하였다. 또한 우리에게 흥미가 있거나 우리의 삶과 관련된 주제와 자료에 자율적으로 참여할 수 있는 선택권과 다양성을 경험하였다. 우리의 교사들은 「뇌 연구의 10년(Decade of the Brain)」[1]이란 법안이 제출되기 전에 이미 두뇌 친화적인 전략을 활용하였다. 현명한 이들 교육자는 직관적으로 학생들이 서로 다르게 학습하고, 학생들의 감각을 활성화하는 것이 중요하며 학생들이 자신의 학습에 대한 통제 의식이 필요하다는 사실을 인식하였다.

저자들 자신도 교사로서 기본 훈련과 수업 계획을 경험하였다. 또한 학생들이 자신의 유전적·환경적 배경이 서로 다르다는 것을 인지하고 적극적으로 참여하기를 바랐다. 우리 자신이 매일 똑같은 일을 하면서도 싫증을 느끼는 것을 원하지 않기 때문에 학습이 재미있고 흥미진진하기를 바랐다. 무엇이 학생들과 관련된 것인지 그리고 무엇이 학생들의 주의와 마음을 사로잡는지를 발견하는 것은 시행착오(trial and error)의 과정이었다.

1980년대에 교육 신경과학이라는 신생 학문 분야가 주목받을 때, 우리는 학생들의 두뇌에 관하여 우리가 할 수 있는 모든 것을 알고 싶어 하는 호기심 많고 열성적인 학습자들이었다. 우리가 학습한 많은 것이 교실에서 우리가 수행하는 활동에 타당성을 부여해 주었다. 또한 학생들을 참여시키고 그들의 학습과 기억을 증진시키는 다른 기법들을 시도하도록 고무해 주었다. 특수교육과 영재교육 그리고 일반교육 학생들에게 잘 작용하는 것을 발견하고 이해하기 위한 실행 연구(action research)를 수행할 준비도 갖추었다. 우리는 또한 학생들의 성취를 증진시키는 수업전략들이 효과적인 방법 리스트에 오른 것을 알고 있다. 이러한 전략들이 두뇌가 어떻게 하면 가장 잘 학습하는지를 지지해 주기 때문이다. 저자들의 두 멘토가 한 다음과 같은 진술이 이를 뒷받침하고 있다.

> 인간의 두뇌가 어떻게 학습하는지를 더 잘 이해할 수 있게 됨에 따라 다양한 학습자의 요구를 더 잘 충족시킬 수 있는 방법들을 발견할 수 있게 되었다. 학생들은 때때로 그들에게 도움을 주기 위하여 설계되었지만 무심코 노력을 방해하는 환경에서 학습을 하고 있다. 맞춤형으로 수업을 하고 평가방법을 변화시키는 방안을 탐구함으로써 더 많은 학생들이

---

1) 역자 주: 미국 의회가 뇌 연구에 관한 연구를 진척시키기 위해 1990년부터 1999년까지를 「뇌 연구의 10년」으로 정한 법안을 통과시키면서 뇌 연구의 일대 전환을 가져왔다. 일본도 1996년에 21세기를 '뇌의 세기'로 명명하고 향후 20년간 2조 엔을 투자한다는 야심찬 계획을 세우고 있다. 우리나라는 1998년 「뇌 연구 촉진법」 제정을 시작으로 뇌 연구에 박차를 가하고 있다.

자신의 잠재 능력을 잘 발휘할 수 있도록 도와줄 수 있다(Sousa & Tomlinson, 2011, p. 5).

1990년대에 이후 교실에서 많은 실행 연구가 이루어지고 있다. 두뇌에 기초한 기법이라고 열정적으로 믿는 일부 교사가 '물을 많이 마시거나 초콜릿을 먹으면 두뇌가 더 잘 학습하는 데 도움이 된다.'와 같은 뇌에 관한 잘못된 속설(neuro-myths)을 처음으로 알렸다. 그러나 뇌에 관한 이러한 잘못된 속설들은 그저 신비에 불과하다. Dénes Szücs와 Usha Goswami(2007)는 다음과 같이 주장하였다.

> 교육 신경과학을 실천하는 것과 교육에 필요한 정보를 제공하기 위해 신경과학 연구 결과를 활용하는 것 사이에는 근본적으로 차이가 있다. 현재의 신경과학 연구 결과는 교실에 직접 변환되어 적용되지 않지만, 교육 신경과학은 학습에 관한 우리의 지식을 확장시킬 수 있다(p. 114).

마음과 두뇌와 교육(Mind, Brain, and Education: MBE)[2]은 신경과학과 인지심리학 그리고 교육심리학을 통합하여 성장하고 있는 분야이다. 학습을 최적화하는 환경을 설계할 때 성 차이와 학습 선호도, 학생들의 사고와 행동에 관한 연구를 반영하여야 한다. 우리는 교실 실제에 영향을 미칠 수 있는 최소한 일곱 가지 잘 입증된 두뇌 원리들을 1장에서 논의하고자 한다.

---

2) 역자 주: 하버드 대학교 교육대학원의 Mind, Brain, and Education 프로그램을 중심으로 교육 신경과학의 선도자인 Kurt Fischer, Todd Rose 등이 이 분야를 리드하고 있다. 2007년 Kurt Fischer가 'International Mind, Brain, and Education' 학회를 창립하여, 공식 학회지인 『Mind, Brain, and Education』을 발간하고 있다.

두뇌 친화적 교실에서의 맞춤형 수업

교사들은 흔히 당면한 과제를 다루느라 쩔쩔맨다. 25명이 넘는 다양한 배경의 학생들을 데리고 일 년 동안 성공적인 학습 여정을 수행해야 한다. 학년 초에 학생들 각자에 적합한 기준점을 확인하고 수업에 최첨단 테크놀로지를 활용하라. 수업과 관련된 예산이 50%까지 삭감되고 현장학습을 제대로 할 수 없다 하더라도, 학생들이 평생학습자가 되도록 격려하라. 이러한 상황은 더 이상 예외가 아닌 보편적인 시나리오이다. 교사들은 다양한 교실에서 즉각적으로 활용할 수 있는 전략과 아이디어가 필요하다.

저자들은 매년 수천 명의 교육자들에게 전문성 개발 프로그램을 실시하면서 종종 "우리는 이미 맞춤형 수업을 실천하고 있으며 지금은 중재 반응 모형(Response to Intervention: RTI)을 적용하고 있습니다." 또는 "매일 계층별 수업을 설계하기는 어렵고 시간도 많이 소요됩니다."와 같은 말을 들어 왔다. 물론 "맞춤형 수업은 초등학교 수준에서 가장 잘 활용될 수 있다고 생각합니다. 고등학교에서는 학생들이 대학 준비를 해야 합니다. 따라서 현실적으로 맞춤형으로 수업하기가 어렵습니다."와 같은 반응들도 있었다.

맞춤형 수업은 많은 교사에게 많은 것을 의미한다. 맞춤형 수업은 복합적으로 실행할 수 있는 비교적 단순한 개념이다. 맞춤형 수업을 성공적으로 적용하기 위해서는 사고와 계획의 전환이 필요하다. 따라서 맞춤형 수업의 모든 측면을 고려하면 힘들 수도 있고 다소 압도적일 수 있다. 그리고 맞춤형 수업의 큰 그림(big picture), 즉 전체 실상을 파악하려면 시간이 걸린다.

장님과 코끼리

다음은 유명한 인도 우화를 John Godfrey Saxe(1816~1887)가 시로 옮긴 것이다.

힌두스탄의 여섯 남자가

배우는 것을 무척 좋아해

코끼리를 보러 갔었네.

(하지만 이들은 모두가 장님이었지)

이들은 각자가 관찰한 바를 통해

자신의 마음을 만족할 수 있으리라 생각했지.

첫째 장님이 코끼리에게 다가가

코끼리의 넓고 딱딱한 옆면과 마주치자마자

"오 신이시여! 코끼리는 벽과 같군요."

하고 고함쳤지.

둘째 장님이 상아를 만지고는

"오. 여기 이게 뭐지.

둥글고 매끈하고 날카로운데

이제야 확실히 알겠어.

코끼리의 경이로움은

바로 창과 같네!"

하고 외쳤지.

셋째 장님이 코끼리에게 다가가

마침 손으로 꿈틀거리는 코를 잡고는

대담하게 들어 올리며 말했지.

"맞아. 코끼리는 뱀과 많이 닮았어."

넷째 장님이 간절하게 손을 펼치며

코끼리의 무릎을 만지고는

"이 경이로운 동물은 아주 평평해.

코끼리가 나무와 매우 닮았음이 분명해."

하고 말했네.

다섯째 장님은 코끼리의 귀를 만지고는

"내가 비록 장님이지만

이것이 무엇과 가장 닮았는지를 말할 수 있어.

부정할 사람은 부정해 봐.

이 경이로운 코끼리는 마치 프라이팬처럼 생겼어."

라고 말했네.

여섯째 장님은 코끼리를 만지려 하는 순간

자신의 손에 다가온

흔들리는 꼬리를 잡게 되었지.

그는 "맞아. 코끼리는 밧줄과 매우 비슷해."

라고 말했지.

그래서 힌두스탄의 여섯 장님은

큰 소리로 오랫동안

각자 자신의 주장을

과도하게 고집하며 심하게

다투었다네.

각자의 주장이 비록 부분적으로는 옳았지만

모두가 다 틀렸는데도 말이지.

교훈:

내가 생각하기에

이론적인 논쟁에서는 흔히

논쟁자들이 서로가 의미하는 것에 대해

완전히 무지한 상태에서 비판한다네.

그리고 코끼리에 대해서 이러쿵저러쿵 말하지.

하지만 그들 중 한 사람도 코끼리를 본 적이 없다네.

장님과 코끼리 우화처럼 교사들은 흔히 맞춤형 수업의 오직 한 부분만을 보고서는 마치 전체를 본 것처럼 오해한다. 다중지능에 대한 워크숍은 교사들이 다중지능에 따라 가르쳐야 한다고 믿게 한다. 다른 교사들은 계층별 수업에 대해 학습하고 이를 수업을 실행하는 기반으로 삼는다. 따라서 이질적 집단 편성이 더 나은 결과를 가져온다는 사실을 알고 있음에도 불구하고, 대부분 준비도 수준이 비슷한 학생들끼리 집단을 편성한다(Lou et al., 1996). 다른 교사들은 데이터 활용에 관한 프로그램에 참여한 다음, 사전평가를 하고 이에 따라 학생 집단을 편성하기도 한다. 또 다른 교사들은 학생들에게 과제와 평가의 선택권을 제공하는 것이 나아가야 할 방향이라고 믿는다.

모든 학생에게 매일 맞춤형 수업을 실시하는 것은 과도한 업무처럼 보일 수도 있다. 맞춤형 수업 전문가인 Carol Ann Tomlinson의 모형은 교육과정 내용과 수업 과정 그리고 학생들이 결과를 통해 자신이 이해한 것을 어떻게 실증할 것인가에 초점을 둘 것을 제안하고 있다. 그러나 교사들은 흔히 수업설계에 융통성을 부여하지 않는 교육과정 진도 지침서 또는 프로그램을 가지고 있다. 그리고 제한된 시간으로 말미암아 교사들이 일주일 앞서 수업을 계획하기가 힘들다. 우리는 수년 동안 교사들을 코칭하면서, 매일 활용할 수 있는 간단하고 쉽게 준비할 수 있는 전략이 가장 유용한 도구라는 사실을 발견하였다.

다음 장에서, 학생들에게 정보를 어떻게 제공할 것인가에 대한 간단한 첨부 자료를 통해 학생들을 더 빨리 참여시킬 수 있다는 것을 발견하게 될 것이다. 두뇌 친화적인 전략으로 교실 환경을 조직하면, 학생들이 학습할 개념을 탐구하고 확장하는 능력을 증진시킬 수 있다. 그리고 형성평가 전략의 레퍼토리를 구축하여 학생들의 진보에 대해 더 정확하게 평가할 수 있다. 우리는 이러한 측면들을 두뇌 친화적인 교실에서 맞춤형 수업을 위한 다섯 가지 E로 설명하고자 한다([그림 1-1] 참조).

맞춤형 수업은 다음과 같이 다양한 측면에서 실행할 수 있다.

- 학생들의 학습을 최대화하는 안전하고 탄탄한 두뇌 친화적인 **환경**(environment)

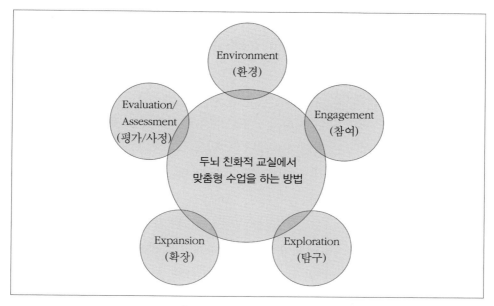

[그림 1-1] 맞춤형 수업의 5E

을 어떻게 창출할 것인가
- 학생들을 재미있고, 유의미하며, 관련된 과제에 어떻게 **참여(engage)**시킬 것인가
- 파지와 완전 습득을 보장하기 위해 새로운 학습을 어떻게 **탐구(explore)**하도록 조직할 것인가
- 학습에 애로를 겪고 있는 학생들을 수용하고 유능한 학생들에게 도전 의식을 부여하기 위해 학습을 어떻게 조정・**확장(expand)**할 것인가
- 학생들의 진보를 어떻게 **평가(evaluate)**하고 사정할 것인가

오늘날 교실의 다양성을 감안하면, 교사가 이러한 아이디어를 실천하는 것은 결코 쉬운 일이 아니다. 교사들은 놀라울 정도로 많은 직무를 수행하고 있다. 그러나 더 잘할 수 있는 여지가 있다. 학생들을 참여시키고 지원하는 교실 환경을 창출하고, 학생들에게 다양성과 민감성을 제공하는 수업과 평가 레퍼토리를 창안하는 것

이 필수적이다. 교사의 지식 기반의 또 다른 중요한 구성 요소는 학습이 어떻게 이루어지는지에 대한 기본 지식을 이해하는 것이다. 현재 교육 신경과학이 교사들에게 '두뇌의 기초'를 제공하여 마음속 두뇌(brain in mind)로 수업전략을 설계하고 이끌어 갈 수 있도록 도와주고 있다.

우리가 이미 잘 알고 있듯이, 맞춤형 수업은 최상의 이론과 실제를 바탕으로 이를 현명하게 잘 활용하여 모든 학생에게 혜택을 제공하고자 하는 모범 실천 그 자체를 의미한다. 실제로 각자 나름대로 자신에게 가장 잘 맞는 것을 활용한다. 맞춤형 수업은 마인드셋(mindsets)[3] 또는 철학이다. 교사들은 모든 학생이 성공하도록 하는 것이 자신의 책임이라고 믿는다. 이는 곧 수업을 지적으로(instructionally intelligent) 한다는 것을 의미한다. 그렇다고 수업을 복잡하게 계획해야 한다는 것은 아니다. 무언가 다른 요구가 필요하다고 인식하는 바로 그 순간, 교사가 현명하게 잘 판단해서 학생들이 필요로 하는 것을 맞춤형으로 수업해야 한다.

이 책의 주요 내용

우리는 다양한 학생으로 구성된 교실에서 맞춤형 수업을 하는 것이 힘들고 벅찬 과제라는 사실을 잘 알고 있다. 양심적이고 헌신적인 교사들이 맞춤형 수업전략을 설계하고자 하는 꿈과 목적을 크게 생각하도록 용기를 불어넣어야 한다. 이 책에서 저자들의 임무는 교사들이 이러한 큰 목적에 도달할 수 있도록 걸음마와 같은 작은 노력을 제공하는 것이다. 저자들은 이 책의 각 장이 교사들에게 유용한 실제적이고 실행하기 쉬운 기법들을 충실히 제공할 것으로 기대한다.

1장은 두뇌 기반 교수·학습의 배경지식을 제공해 준다. 두뇌가 어떻게 학습하는

---

3) 역자 주: 마인드셋을 (흔히 바꾸기 힘든) 마음자세, 마음가짐, 사고방식 등으로 번역할 수도 있으나, 이 책에서는 성장 마인드셋과 고정 마인드셋 등과 관련하여 원문의 의미를 더 충실하게 전달하기 위해 번역하지 않고 그대로 표현하였다.

가에 관한 최근의 인지 신경과학 연구를 담고 있다. 물리적·심리적으로 안전한 환경 속에서 맞춤형 수업전략을 실행할 수 있는 요구를 실증하고 있다. 두뇌가 어떻게 하면 가장 효과적으로 학습할 수 있는지를 보여 주는 핵심 요인으로 개인적으로 관련된 직접적인 경험, 협력 기회 그리고 다양한 지능과 학습양식을 활용한 능동적 처리 과정을 강조하고 있다. 맞춤형 수업을 이해하기 쉽게 설명해 주고 있을 뿐만 아니라 교사의 마인드셋 개념도 다루고 있다.

2장은 학생들의 학습을 최적화하는 안전하고 확실한 두뇌 친화적인 환경을 어떻게 창안할 것인가를 탐구하고 있다. 학습을 위한 환경과 위험 감수(risk taking) 환경을 설계하여 즐겁고 재미있는 분위기를 조성하고, 마음챙김(mindfulness)과 반성을 고무하는 데 도움이 되는 전략들을 제공한다. 두뇌와 신체 친화적인 교실은 좌석과 가구를 대안적으로 배치하여, 직접적인 탐구를 촉진하고 명료한 절차를 보여 준다.

3장은 학습자를 재미있고, 유의미하며, 관련된 과제에 참여시키는 방법을 제시하고 있다. 두뇌가 신기성과 관련성 그리고 의미를 추구한다는 것을 알고 있기 때문에, 주제에 대한 학습자의 흥미를 자극하고 호기심을 촉진하고 참여를 북돋우고 선행지식을 활성화하는 전략들을 담고 있다.

4장은 새로운 학습의 탐구를 어떻게 조직하면 파지와 완전습득을 보장할 수 있는지를 다루고 있다. 두뇌의 성장과 발달이 경험에 어떻게 의존하고, 경험에 어떻게 영향을 받는지에 관한 연구를 제시하고 있다. 탐구 촉진, 발견 놀이 기회 제공, 다중 시연을 통한 깊이 있는 학습 증진, 개념 명료화, 용어 정의, 정보 군집화 그리고 패턴 발견을 위한 다양한 전략을 제공하고 있다.

5장은 부진한 학습자들을 수용하고 유능한 학습자들에게 도전의식을 심어 주기 위해 학습을 어떻게 수정하고 확장할 것인가를 다룬다. 각자의 두뇌는 독특하게 형성되며 모든 학생은 자신의 학습 선호를 개발한다. '중간 수준의 학습자에 맞추어 가르치는 것'을 넘어서 기초 수준 아래의 학습자들이 학습에 시동을 걸고(jump-start) 기본적인 이해를 확장하는 전략을 제공한다. 또한 우수한 학습자들에게 요구되는 깊이와 복잡성을 강화하고 도전의식을 확장하는 방법을 제시하고 있다.

6장은 학생의 진보를 평가하고 사정하여 피드백을 제공하는 방법을 탐구한다. 두 뇌는 피드백을 통해 신경 연접(neural connections)을 미세하게 조정하여 성취감을 개발한다. 또한 사전평가와 형성평가 전략과 기법의 레퍼토리를 창안하는 방법을 학습하게 된다. 이를 통해 수업 계획과 학생들의 다음 단계를 안내하기 위한 데이터 수집과 피드백 주기를 일정하게 유지할 수 있다.

7장은 이 책에서 다룬 맞춤형 수업전략의 교실 적용을 돕기 위한 몇 가지 샘플 설계 지침과 더불어 이 책의 내용과 전략 및 실행 아이디어를 요약하고 있다.

저자들은 교실에서 즉각적으로 활용할 수 있는 매우 실제적이고 효과적이며 상식적인 전략들을 제공하기 위해 이 책을 집필하였다. 더불어 독자들이 학습을 촉진하는 환경을 창출할 수 있도록 도와주는 몇 가지 두뇌의 기초를 제시하고자 하였다. 무엇보다도, 독자들—놀랄 만큼 적극적이고 타고난 호기심에다 아마도 자유분방한 다양한 학생으로 구성된 교실에서 가르치는 일에 전념하는—이 가장 도전적이고 보람 있는 직무를 수행하고 있기 때문에 저자들은 이를 적극 격려하고 지원하고 싶다.

CHAPTER **01**

교육 신경과학을 맞춤형 수업에 활용하기

학교가 또다시 전환의 시기, 즉 교육과정과 수업에서 한 가지 방법으로 모든 학생을 만족시킬 수 있다는 접근 방식이 너무 많은 학생에게 잘 맞지 않다는 사실이 명백하게 드러난 시기 그리고 교사들이 점점 다양해지는 학생 집단의 요구에 맞추어 수업을 해야 한다는 사실을 다시 한 번 이해하려고 노력해야 하는 시기에 있다는 주장이 제기되고 있다.

-Carol Ann Tomlinson

교사들은 수 세기 동안 모든 학습자의 다양한 요구를 충족하기 위한 도전을 계속해 왔다. 교육 신경과학(educational neuroscience)이 발전함에 따라, 우리는 학생들의 독특한 두뇌가 어떻게 발달하는지를 이해하기 시작하였다. 우리는 학습과 기억이 어떻게 이루어지는지에 대한 최신 정보를 활용하여 일상적인 교실에서 이루어지는 수업 실제에 대한 정보를 얻을 수 있다. 맞춤형 수업과 교육 신경과학은 긴밀하게 연관되어 있다!

일반 교실에서의 맞춤형 수업

오늘날 교실은 사회적 · 문화적 · 경제적 그리고 언어와 학습 선호를 비롯하여 여러 면에서 다양한 학습자로 가득차 있다. 멀리 떨어진 나라에서 이주해 온 학생들도 있고, 교실과 집의 거리가 1마일도 채 안 되는 곳에서 다니는 학생들도 있다. 특별한 도움이 필요한 학생들도 우수한 학생들과 함께 교실에서 수업을 받고 있다. 많은 학생이 어릴 때부터 테크놀로지와 함께 살아온 반면, 컴퓨터 마우스를 한 번도 사용해 본 적이 없는 학생들도 있다. 학생들의 두뇌는 독특하게 형성되어 있다. 개인의 삶의 경험은 복잡한 기억망을 창조하여 새로운 학습을 받아들이는 방식을 결정한다.

교사들은 이러한 다양성을 적극 수용하여 개별 학생의 독특한 요구를 해결할 수 있는 방법을 찾아야 한다. 한 가지 방식으로 모두를 만족시킬 수 있다는 전통적인 접근은 소수에게는 통할지 모르지만, 많은 학습자를 실패자가 되게 할 수 있다. 과거에는 많은 교사가 '가르치고, 평가하고, 최상의 결과가 나오기를 바라는' 사이클로 학교교육을 수행해 왔다. 많은 사람은 만약 학생들이 제대로 이해하지 못하면, 그것은 교사의 잘못이 아니라 학생의 노력이나 능력 부족이라고 믿었다. 맞춤형 수업은 근본적으로 모든 학생이 성공하여 자신의 잠재 능력을 펼칠 수 있는 기회를 제공하는 것이다.

오늘날 우리는 어떤 아이도 뒤처지도록 내버려 두지 않는 것을 추구하고 있다. 그러나 이러한 목적을 달성하기 위해서는 교육자들이 가능한 모든 지식과 기능을 활용하여 전략적으로 계획해야 한다. 많은 학교에 중재 반응(Response to Intervention: RTI) 과정을 실시하도록 위임하여 모든 학습자가 성공할 수 있는 기회를 제공하고, 교육자들이 위기에 처한 학생들을 도울 수 있도록 지원하고 있다. 중재 반응 모형에서는 맞춤형 수업이 기본적인 중재의 수준이다(Bender & Shores, 2007). 이는 학습이 부진한 하위권 학생들뿐만 아니라 중위권과 상위권 학생들에게도 적용된다. 개별 학습자들이 현재의 수준에서 목표로 설정한 기준이나 기대를 향해 나아갈 수 있도록 하기 위해서는 맞춤형 수업이 필요하다.

중재 반응에 대한 개요

2004년에 「장애인교육법(Individuals with Disabilities Education Act: IDEA)」[1]이 개정되자 미국 연방정부에서 학생들의 학습 요구를 확인하고 이를 충족하기 위해 중재 반응의 과정을 활용하도록 권장하였다. 중재 반응은 학습 부진 학생들을 확인하여 더 뒤처지기 전에 도와주는 종합적인 초기 탐지와 예방 전략이다. 중재 반응 시스템은 모든 학생들을 위한 전반적인 집단검사와 사전평가 그리고 양질의 수업을 학습 부진 학생들을 대상으로 한 구체적인 중재와 결합한다. 중재 반응은 "학생들이 부진을 겪고 있는 구체적인 영역을 표적으로 하여 학습에 대한 두려움이 경감될 때까지 집중 연구를 통해 입증된 중재를 점진적으로 적용하는 것"을 포함하고 있다 (Bender, 2009, p. 1). 이는 학교에서 학생들을 특수교육 대상자로 분류하여 배치하기 전에 교실에서 지원할 것을 권장하고 있다. 증거에 기초한 중재와 효과적인 최상의 실제가 통하지 않는 학생들만 특수교육에 이관되게 한다.

중재 반응에서는 중재의 수준을 '층(tiers)'이라 부른다(이 층들은 통상적인 맞춤형 수업전략인 계층별 수업과는 다르다, 5장 참조). 중재 반응은 전형적으로 3개의 층으로 구성되어 있다([그림 1-1] 참조). 1층은 양질의 연구에 기초한 최상의 실제를 활용하는 핵심적인 일반 학급 수업으로 이루어진다. 중재를 목적으로 한 2층은 학습에 계속 도전하고자 하지만 일반 학급 수업에서 진전이 잘 이루어지지 않는 학생들에게만 제공된다. 2층에 속한 학생들은 표적 기능에 도달하기 위해 주당 3~5번 소집단 보충 수업을 받게 된다. 3층 집중 중재는 2층 중재 과정에서 일정한 시간이 경과해

---

1) 역자 주: 미국 연방 법률인 「장애인교육법(IDEA)」의 개정안인 「2004 장애인 교육향상법(Individuals with Disabilities Education Improvement Act of 2004: IDEIA)」을 말한다. 주요 개정 내용으로 「아동낙오방지법(No Child Left Behind: NCLB)」과의 연계, 조기 중재 서비스 지원, 개별화교육 프로그램(Individualized Education Plan: IEP), 학습장애 적격성 판정 과정, 절차적 보호 등을 담고 있다.

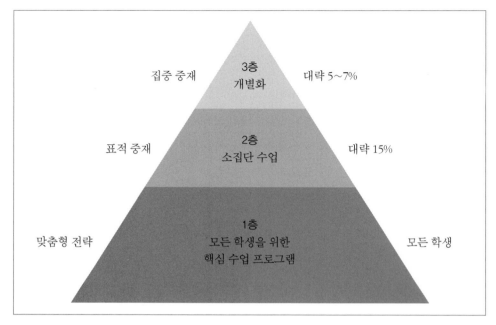

[그림 1-1] 중재 피라미드

도 진전이 없어 개별적으로 더 많은 도움이 필요한 학생들에게 제공된다.

1층에서 일반교육 교사들은 학생들의 기능 평가에 근거하여 다양한 시간과 내용, 과정 그리고 다양한 수준의 스캐폴딩[scaffolding: 비계(설정)]을 포함하는 맞춤형 수업을 한다. 학생들이 다양한 방식으로 내용과 기능을 탐구하도록 도와주는 것은 중재의 기본적인 수준이자 모든 학생이 받게 될 일반적인 핵심 프로그램이다. 교사의 맞춤형 수업전략 레퍼토리는 모든 학생이 성공할 수 있는 기회를 제공하는 비결이다.

양질의 맞춤형 수업

앞서 언급한 것처럼, 맞춤형 수업의 개념은 장님과 코끼리 이야기에 비교할 수 있다. 장님이 각자 코끼리의 서로 다른 부위를 만지고는 자신이 만진 코끼리의 부위와 자신이 이해한 바에 따라 각자 확신을 가지고 밧줄과 팬, 뱀, 벽, 창 또는 나무로 기술하였다. 맞춤형 수업에도 많은 다른 측면이 있다. 따라서 한 부분만 집착하면 다른 부분들을 놓칠 수 있다. 어떤 사람들은 선택 판(choice boards)이나 삼목(tic-tac-toe) 차트에 몰두할 수도 있고, 다른 사람들은 융통성 있는 집단 편성을 강조할 수도 있다. 이처럼 맞춤형 수업의 한 가지 측면에 빠지는 사람들은 큰 그림, 즉 전체적인 실상을 놓칠 수 있다. 그렇게 되면 전체 상황이 명료하지 않거나 단단하게 통합되지 않을 수 있다. 물론 '맞춤형 수업? 우리는 벌써 그렇게 해 오고 있는데.'라고 생각하는 사람들도 있다.

　맞춤형 수업을 하기 위한 레퍼토리가 필요하긴 하지만, 맞춤형 수업이 단순히 일련의 전략만을 의미하는 것은 아니다. 맞춤형 수업은 많은 것을 포함하고 있다. 그러나 맞춤형 수업은 기본적으로 모든 학생이 잠재 능력을 가지고 있으며 성공할 수 있다는 핵심 철학 내지 마인드셋으로부터 발전해 왔다. 맞춤형 수업의 전문가이자 저명한 저자인 Carol Ann Tomlinson(2010)은 다음과 같이 양질의 맞춤형 수업에 필요한 최소한 5가지 지표를 제안하였다.

1. 학생의 잠재 능력에 대한 긍정적 마인드셋 또는 성장 마인드셋
2. 학습을 지원하기 위한 교사와 학생의 연계
3. 학습 공동체 개발
4. 사실상 모든 학생을 대상으로 하는 양질의 교육과정
5. 수업에 정보를 제공하는 평가(pp. 252-256)

Tomlinson의 모형은 1990년대 말부터 맞춤형 수업의 다양한 요소를 이해하는 기초가 되었다.

　　교사들이 학생의 준비도와 흥미 그리고 학습 프로파일 요구에 따라 수정할 수 있는 적어도 세 가지의 교실 요소가 있다. (1) 내용, (2) 과정, (3) 결과가 바로 그것이다. …… 지속적인 평가 정보를 활용하여 이러한 요소들을 유의미하게 수정함으로써 개별 학생의 학업

성공 가능성을 높일 수 있다(Tomlinson, 2010, p. 258).

많은 교사가 맞춤형 수업과 관련된 연구를 인지하고 맞춤형 수업의 필요성을 인정하고 있긴 하지만, 종종 맞춤형 수업 과제에 압도당해 무엇을 해야 할지 또는 어디서 시작해야 할지 잘 모르고 있다. 평가 데이터의 수집과 분석, 전문 학습 공동체에의 참여, 학습 부진 학생들을 위한 수업 수정 그리고 학습장애 학생들을 위해 과제를 조절하고 흥미 있는 수업을 준비하는 것은 교사들에게 매우 힘든 일이다. 그러나 맞춤형 수업의 필요성을 인식하고 개별 학생이 자신의 잠재 능력을 발휘할 수 있도록 도와주고자 하는 욕망은 맞춤형 수업을 시작하는 훌륭한 원동력이다. 이 책에서 저자들은 교사들이 생각은 크게 하되, 시작은 작게 하도록 도와주기 위해 활용하기 쉬운 많은 전략을 제공하고 있다.

두뇌 친화적 교실

두뇌가 어떻게 작용하는가에 대한 이해는 교육자들이 어떻게 가르칠 것인가에 영향을 미칠 수 있다. 두뇌가 어떻게 작용하는가에 대한 연구와 새로운 이론은 1980년대에 시작되었다. 초기의 많은 연구는 동물들을 대상으로 하였다. 그러나 이러한 연구를 통한 새로운 정보가 인간의 두뇌가 어떻게 성장하고 발달하며 학습하는지를 이해하는 데 영향을 미쳤다. 그리고 새로운 영상 기법들의 개발로 인해 인간 두뇌의 내적 활동을 이해하는 길이 열렸다. 사려 깊은 많은 교육자가 이러한 연구를 보다 두뇌 친화적인 교실과 학습 경험을 창출하는 정보로 활용하기 시작하였다.

연구자들이 인간의 두뇌가 어떻게 학습하고 어떻게 언어를 사용하며, 어떻게 계산하고 과제에 접근하고 새로운 개념을 장기기억에 처리하는지에 대한 데이터를 축적해 감에 따라 교육 신경과학 분야는 계속 발전하게 되었다. 자폐증(autism)과 난독증(dyslexia) 그리고 주의력장애(attention disorders) 등의 신경 기반을 이해하는 데 도움을 주는 매우 구체적인 연구들이 많이 이루어지고 있다. 많은 신경과학자가 최근의 두뇌 연구를 교육에 직접 적용하는 것을 꺼리고 있기는 하지만, 우리는 이러한 연구가 교육에 미치는 함의를 도출하여 일반화하는 것이 가능하다고 믿는다. 따라서 우리는 두뇌 친화적인 교실 실제를 위한 상식적인 실행전략들을 과감하게 제안하고자 한다. 이미 소수의 교육계 지도자가 새로운 이론을 탐구하고 두뇌 연구 '해석자'로 활동해 왔다. Geoffrey와 Renate Caine, Robert Sylwester, Pat Wolfe, David Sousa, Barbara Given 그리고 Eric Jensen은 저자들의 멘토가 되어 연구가 이루어지는 실험실과 교실을 연계할 수 있도록 도와주었다.

옥스퍼드 대학교 교수이자 인지 신경과학 교육 포럼의 공동 창립자인 John G. Geake(2009)는 다음과 같이 주장하였다.

> 신경과학적 발견은 적당히 여과하여 해석하기만 하면 교육자들, 특히 학교 교사와 교사 교육자들에게 전문적인 관심사가 될 수 있을 뿐만 아니라 마땅히 그렇게 되어야 한다. 학습과 기억 그리고 동기유발 등에 관한 교육적 질문에 답을 제공해 주는 신경과학 연구를 통해 두뇌가 어떻게 기능하는지를 점점 더 잘 이해할 수 있게 되었다. 따라서 교육 신경과학과 관련된 유용한 전문지식을 교실에 점점 더 잘 적용할 수 있게 될 것이다(p. 10).

어떤 사람들은 새로운 모델을 '두뇌 기반 학습(brain-based learning)'이라 부르고, 다른 사람들은 '두뇌 친화적 수업(brain-compatible teaching)'이라 부르기도 한다. 어떤 용어로 칭하든 간에 이들은 두뇌 친화적인 전략을 교실에 적용하는 것을 공통분모로 하고 있다. 새로운 모델은 궁극적으로 교육자들에게 학생들의 두뇌가 학습하는 방법을 극대화할 수 있는 수업전략과 학습 환경에 대한 지침을 제공해 준다.

두뇌의 목적은 학교에 다니는 데 있는 것이 아니라 매일 매 순간 생존하는 데 있다. 태어날 때부터 두뇌의 기본 과제는 강직하고, 기동성 있고, 기본 욕구를 채우고 의사소통하는 데 있다(Gregory, 2005). 인간은 또한 대인관계에서 신뢰감을 형성하고자 노력한다(Goleman, 2006b). 학교와 교실은 두뇌가 신뢰를 형성할 수 있도록 지원하는 장소가 되어야 한다. 만약 학생이 자신의 기본 욕구에 초점을 두거나 신체적으로 불편하면, 반드시 해야 할 학습에 주의를 집중할 수 없다. 학생들이 자리에 가만히 앉아서 조용히 있도록 하거나 친구들과 대항하여 경쟁하도록 하면, 과도하게 스트레스를 받을 수 있다. 학생들이 감당하기 힘들 정도로 스트레스를 받게 되면, 사고와 학습은 최악이 된다. 이럴 경우 (사고와 이성적 두뇌 영역인) 대뇌피질(cerebral cortex)이 더 이상 기능하지 않는 대신, 생존 모드로 들어가 언어나 사고 처리가 제한되고 기본적으로 투쟁(fight)이나 도피(flight) 반사 또는 동결(freeze) 반사 반응이 일어나게 된다(Gregory, 2005; Zull, 2002; Posner & Rothbart, 2007).

사람들은 '적정 수준의 동기유발과 감당할 수 있는 정도의 스트레스를 경험할 때' 최선을 다한다. 반면, 동기유발이 되지 않거나 과도한 스트레스를 받게 되면, 수행 능력이 저하된다(Goleman, 2006b, p. 77). 스트레스나 각성과 수행 간의 관계는 여키스-도슨 각성의 법칙(Yerkes-Dodson law of arousal)으로 널리 알려져 있다. 이는 간단한 역 U자 모양의 곡선으로 설명할 수 있다([그림 1-2] 참조)

스트레스나 각성 수준이 낮으면, 수행 수준이 낮아질 수 있다. 대부분의 경우 스

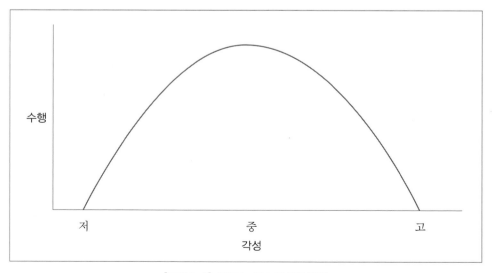

[그림 1-2] 여키스-도슨 각성의 법칙

트레스가 증가함에 따라 더 높은 수준의 수행을 경험하게 된다. 적정 수준의 스트레스에 도달하면 수행이 정점에 이르게 된다. 신경과학자 Antonio Damasio(2003)는 이러한 고원 현상을 '최고의 인지 효율성(maximal cognitive efficiency)'이라 불렀다. 각성이나 스트레스 수준이 훨씬 더 증가하더라도 수행이나 능력이 더 이상 개선되지는 않는다. 압박이 계속 가해짐에 따라 오히려 수행이나 능력이 감소하기 시작한다. 끊임없는 스트레스와 불편 그리고 부조화는 수행이 한계점에 도달해 불안정해진다. 이때 학습자는 방어적이거나 수동적 또는 무관심해지고, 성공 확률이 급속히 저하된다.

모든 학생에게 동일한 과제를 수행하도록 하면, 학생들은 동기가 유발된 상태이거나 지루하거나 좌절된 상태 등 개인차에 따라 각자 다양하게 반응하게 된다. 한 학생에게는 동기나 참여를 유발하는 것이 다른 학생들에게는 너무 부담으로 작용하여 과도한 스트레스나 불안을 야기할 수 있다. 학생들에게 선택권이나 대안을 제공하게 되면, 스트레스 수준을 낮추고 동기를 높일 수 있는 통제력(sense of control)을 제공할 수 있다.

헝가리의 인지 심리학자인 Mihaly Csikszentmihalyi(1990)는 최적의 참여 상태를 '몰입(flow)'[2]으로 표현하였다. 몰입에는 다음과 같은 조건들이 있다.

- 기존의 기능 수준을 조금 넘어서는 적당한 수준의 도전을 제공한다.
- 해결해야 할 과정이나 결과에 대한 통제력을 발휘할 수 있다.
- 필요할 때 활용 가능한 피드백을 제공한다.

---

2) 역자 주: 어떤 활동에 빠져들거나 깊이 파고들어 몰두하거나 전념하는 것을 의미한다. Csikszentmihalyi는 몰입했을 때의 느낌을 "물 흐르는 것처럼 편안한 느낌" "하늘을 날아가는 자유로운 느낌"이라고 하였다. 일단 몰입하면 몇 시간이 한 순간처럼 짧게 느껴지는 '시간 개념의 왜곡' 현상이 일어나고 몰입 대상과 하나가 된 것처럼 일체감을 느끼며 자아에 대한 의식이 사라진다. 학습과 노력을 통하여 몰입에 도달할 수 있다. 자신이 몰입하고 있는 대상은 빠르게 흡수할 수 있지만 반대로 관심이 없거나 집중도가 떨어지는 대상은 기억조차 못할 수도 있다. 이것이 바로 몰입의 장점이자 단점이 될 수 있다. 몰입에 대한 보다 구체적인 내용은 『몰입의 즐거움』(Csikszentmihalyi, 이희재 역, 해냄, 1999) 참조.

- 스트레스가 감소하면, 긴장이 완화되어 민첩해지고 집중력이 높아진다.
- 성공 기회가 증가하고 힘을 북돋아 주기 때문에 활동을 지속할 수 있다.
- 끈기 있고 동기가 유발된 참여자가 된다.

Csikszentmihalyi의 몰입 영역은 도전과 기능 사이의 완벽한 균형으로 설명할 수 있다. 만약 학습자가 지각하는 능력에 비해 너무 어려운 과제가 제시되면 불안감이 유발될 수 있다. 반면, 과제가 충분히 도전할 만하지 않으면 학습자가 지루해할 수 있다. 과제나 활동이 계속됨에 따라 과제가 점점 더 어려워지기 때문에 기능 발달이 점진적으로 증가하여야 한다.

다양한 학생으로 가득 찬 교실에서 학생 각자가 자신의 몰입 영역 내에서 최고의 수행을 발휘할 수 있게 하는 것은 교사의 커다란 도전거리이다. 그러나 교사가 학생들의 학습 프로파일과 학습 선호 그리고 흥미에 주의를 기울이고 학생들에게 선택권을 부여하는 맞춤형 수업전략을 활용하면 몰입을 더 잘 조절할 수 있다.

저자들은 각자 교실에서 두뇌 친화적인 기법을 실행하면서 20년 넘게 실행 연구(action research)를 진행해 왔다. 이러한 연구를 통해 교육자들이 두뇌가 의미를 구축하는 매력적인 환경과 기회를 제공할 수 있도록 도와주는 몇 가지 기본 원리를 도출하였다.

교육자들을 위한 7가지 공통 두뇌 원리

신경과학자들이 공유하는 두뇌에 관한 두 가지 공통 사실은 다음과 같다.

① 두뇌가 작동기억에서 주어진 시간 동안 처리할 수 있는 최적의 정보 단위는 $7\pm2^{3)}$로 나타났다.
② 정보의 단위를 다루기 쉬운 적합한 크기나 범주로 결합하거나 군집화하면 두

뇌가 더 많은 항목을 저장할 수 있다.

최근 교육자들의 관심을 끌 만한 신경과학 연구들이 많이 보고되고 있다. 우리는 교사들이 이러한 정보를 잘 활용하여 두뇌 친화적인 학습 환경을 설계할 수 있도록 도와주는 일곱 가지 공통 원리를 도출하였다.

원리 1: 두뇌는 패턴이나 스키마에 반응하여 작동한다

두뇌는 선행 경험에 근거한 개연성(probability)을 활용하여 새로운 정보를 이해하고 이와 함께 저장하고 이해한 패턴, 즉 스키마를 개발한다. 연쇄(chaining)는 공통점을 발견하여 연관성을 찾는 과정이다(Ratey, 2008). 저명한 소아과 의사이자 저자인 Mel Levine(1990)은 연쇄를 '수평적 연결 짓기(horizontal threading)'라 불렀다. 두뇌는 이미 저장되어 있는 파일링 시스템(filing system)을 검색하여 새로운 정보와 연결할 다른 개념이나 아이디어를 찾아서 의미를 이해한다. 두뇌는 이미 알고 있거나 흥미롭지 않은 불필요한 정보를 싫어한다. 두뇌는 아이디어의 속성을 확인하여 개념을 학습한다. 패턴을 찾는 것은 모든 두뇌의 공통점이다. 그러나 선행지식은 개인마다 독특하고 구체적이다.

의미는 새로운 것과 친숙한 것 사이의 관계를 통해 형성된다. 스키마(배경지식)가 없으면 학생의 의미 연결이 완전하게 이루어지지 않는다. 교사들은 다음과 같은 활동으로 패턴 찾기를 촉진할 수 있다.

- 학생들의 선행지식을 사전에 평가하기(학생들이 이전에 학습한 정보에 접근하도

---

3) 역자 주: 프린스턴 대학교 교수인 Miller가 1956년에 「마법의 수 7±2: 정보처리 용량의 한계(The Magical Number Seven, Plus or Minus Two: Some Limits on Our Capacity for Processing Information)」라는 논문에서 제안하였다. 일반적으로 인간이 단기기억에서 처리할 수 있는 정보의 용량이 7개 전후(5~9)라는 의미이다. 한때 마법의 수로 알려졌으나, 개인차 등을 이유로 한 반론도 제기되고 있다.

록 도와줌으로써 학생들이 이미 경험한 패턴을 탐색하여 이를 새로운 정보나 기능과 연결할 수 있다)

• 내용과 기능에 포함된 패턴과 반복을 규칙적으로 언급하기
• 새로운 학습과 개념을 실생활과 연계하기
• 교실의 규칙과 의례를 조직하여 일상적인 행동 패턴 수립하기
• 속성에 따라 조직하거나 군집화한 주제나 개념으로 선행 조직자와 노트 필기 견본 제공하기

원리 2: 어떻게 느끼는가가 학습에 차이를 초래한다

감정은 두뇌가 주의를 집중하도록 하여 학습 능력을 증진하거나 방해할 수 있다. 위험하거나 스트레스가 많은 상황을 경험하면, 비상 상황이 발생하여 두뇌의 불이행 시스템(default system)이 본격적으로 가동된다. 부정적인 감정과 스트레스는 학습을 최소화할 수 있다. 반면, 긍정적인 감정 경험은 성공적인 결과를 기억하게 하여 유능감과 흥미를 유발할 수 있다(Ornstein & Sobel, 1987; Pert, 1997; Damasio, 1994).

감정은 또한 새로운 기억에 표식을 다는 데 핵심적인 역할을 한다. 도파민과 같이 긍정적인 감정이 충만할 때 분비되는 신경전달물질은 실제로 장기기억 형성을 촉진한다(Pert, 1997). 이러한 감정적인 연결고리는 학생들이 나중에 의사결정을 하거나 학교에서 학습한 것을 실생활 장면에 적용하도록 도와주는 데 결정적인 역할을 한다(Pert, 1997). Mary Helen Immordino-Yang과 Antonio Damasio(2007)는 "교육자들이 학생들의 감정의 중요성을 제대로 인식하지 못하면, 감정이 학습에 결정적인 영향력을 미친다는 사실을 제대로 인식할 수 없다."(p. 9)라고 주장하였다.

강력한 학습은 사고와 감정을 동반하는 풍부한 정서적 경험을 통해 이루어진다. 훌륭한 교사들은 기본적인 욕구 충족뿐만 아니라 정서와 감정이 학생의 수행과 학습에 영향을 미친다는 사실을 잘 알고 있다. 앞서 지적한 것처럼, 학생의 성공은 긍정적이고 친근한 환경에서 물리적·심리적으로 안전하고 편안하게 느끼는 데 달려

있다. 교실 안에서의 웃음과 즐거움 그리고 유희는 학생들의 분위기와 마음의 상태 그리고 학습 능력을 증진시킨다.

원리 3: 모든 감각이 학습을 강화한다

캘리포니아 대학교 산타바바라 캠퍼스의 심리학 교수인 Richard Mayer(2010)는 많은 연구를 통해 다양한 감각을 활용하는 환경에 있는 학생들이 한 가지 감각만을 통해 입력(input)을 받는 학생들보다 더 잘 수행한다고 보고하였다. 다양한 감각을 활용하여 학습할 때, 정보를 더 정확하게 기억하고 더 오랫동안 저장할 수 있다 (Medina, 2008).

뉴런을 연결하는 섬세한 가지, 즉 수상돌기(dendrites)를 성장하게 하기 위해서는 모든 감각을 자극하는 풍부한 환경이 필요하다. 다중 반복은 뉴런 사이의 수상돌기와 시냅스의 연결을 강화한다. 이러한 자극은 정보를 재생하거나 과제를 수행하는 속도를 증가시킨다. 초기의 부호화(encoding)를 정교하게 하여 정보를 재생하는 능력을 증진할 수 있다. 다양한 감각을 자극하고 시각과 청각 그리고 운동감각 경로를 통해 새로운 정보를 처리하면, 학습자가 인출을 더 쉽게 하는 방식으로 새로운 정보를 축적하는 기회를 크게 증가시킨다(Medina, 2008). 이러한 전제는 Barbara Given(2002)이 기술한 다섯 가지 자연 학습 체제—사회적·정서적·인지적·신체적·반성적—를 지지할 뿐만 아니라 모든 학습자에게 적용된다.

온몸을 학습 경험과 연결함으로써 시각과 청각 그리고 촉각·운동 감각 영역에 강점을 지닌 학생들을 도울 수 있다. 몸과 마음을 더 능동적으로 참여하게 하면 할수록 학습이 더 잘 일어날 수 있다. 역할극과 모델 구축과 같은 직접적이고 신체적으로 적극 관여할 수 있는 학습 경험은 더 많은 학습자를 참여시켜 의미와 개념 발달을 촉진하게 한다(Hanniford, 2005).

임상 정신과 의사인 John Ratey(2008)는 운동이 뉴런의 연결을 촉진하고 스트레스를 낮추어 주며, 사고에 집중하도록 해서 실제로 기억 과정을 증진한다고 보고하였다. 운동은 기억 형성과 관련된 장소인 해마(hippocampus) 부근에 있는 두뇌 영역의 혈량을 증가시킨다. 또한 신체 활동이 세포의 강력한 성장 인자인 뇌 유리 신경성장 인자(Brain-Derived Neurotrophic Factor: BDNF)의 생산을 자극한다는 연구도 보고되고 있다. Ratey는 뇌 유리 신경성장 인자가 두뇌에 있는—특히 해마 부근에 있는—특정 뉴런에 기적의 성장제(Miracle-Gro) 같은 역할을 한다는 사실을 발견하였다. 운동을 많이 하면 할수록, 더 많은 뇌 유리 신경성장 인자가 생성되어 기존 세포를 건강하게 하고 두뇌에서 새로운 세포를 형성하는 신경조직 발생을 촉진한다.

원리 4: 우리는 정보가 유의미하고 흥미 있을 때 가장 잘 학습한다

인간은 본능적으로 자신의 주변 세상을 이해하려고 시도한다. 이러한 선천적인 탐구는 때로는 의식적으로, 때로는 무의식적으로 이루어진다. 우리가 주변 세상에 대해 계속해서 학습하고 추구하며 호기심을 갖는 것은 인간으로서 자연스러운 현상이다(Smilkstein, 2003). 우리는 신기성(novelty)과 의미 그리고 관련성에 반응한다. 우리가 경험한 것이 수상돌기 성장과 두뇌 발달을 촉진한다(Diamond & Hopson, 1998).

교사들은 친숙함은 물론 융통성과 도전 그리고 탐구 기회를 제공하는 학습 경험을 창출하기 위해 노력해야 한다. 학습자의 주의를 끌기 위해서는 흥미 있고 관련된 주제와 활동이 매우 중요하다. 교육자들은 실세계에 적용되는 계약과 프로젝트, 질문 그리고 탐구를 활용하여 학생들에게 의미와 관련성 그리고 이해를 추구할 기회를 제공할 수 있다.

원리 5: 우리는 안전한 환경에서 함께 할 때 더 잘 학습한다

인간은 관계를 맺고 협력하고 협동해야 한다(Panksepp, 1998). 모든 사람은 Alison Gopnik, Andrew Meltzoff와 Patricia Kuhl(1999)이 명명한 '접촉 욕구(contact urge)'를 지니고 있다. 사람들은 때로는 다른 사람들과 어울리고, 어떤 경우에는 혼자 있는 것을 좋아한다(Covey, 1989). 모든 사람은 소속감을 추구하고 공동체 속에 포함되어 존중받기를 원한다.

사회적 상호작용은 정상적인 신경인지 발달에 결정적인 역할을 한다. 청소년기는 두뇌가 재조직되고 새로운 기능이 양성되어 개발되기 때문에 사회적 기능과 사회적 네트워크를 개발하는 데 결정적인 시기이다(Blakemore, Burnett, & Dahl, 2010). DVD와 컴퓨터 프로그램이 아무리 매력적이라 하더라도, 언어 발달과 사회적 기능 그리고 공감 능력을 발달하기 위해서는 면대면 상호작용이 중요하다. 따라서 청소년기에 테크놀로지에 시간을 빼앗겨 실제 상호작용을 멀리해서는 안 된다. 사회적 지능은 사회적 기능을 이해하는 것뿐만 아니라 정서적으로 자신을 인식하는(자신의 정서 상태를 확인하고, 스트레스를 조절하며 즐거움을 경험하고 혼란 상황을 관리하는) 것을 의미한다. 사회적 지능이 뛰어난 사람은 다른 사람의 표정과 몸짓을 살펴 그들의 감정과 정신 상태를 이해할 수 있다. 원격 화상 대화(teleconferencing)가 아무리 편리하다 해도, 여전히 면대면 상호작용이 의사소통을 위한 가장 강력한 수단이다.

최근 우리 각자가 다른 사람의 정서 상태를 지각하고 자신의 감정을 자동적으로 조절하여 그들과 감정을 이입할 수 있는 능력을 가지고 있다는 거울 뉴런(mirror neuron)에 관한 신경과학 연구가 보고되었다. "정서 상태는 뇌에서 뇌로 전염된다. …… 거울 뉴런은 한 사람의 두뇌 속에서 그 사람과 함께 있는 사람의 두뇌 상태를 복제할 수 있다."(Goleman, 2006b, p. 78)

우리는 이제 정서가 전염될 수 있다는 사실을 알고 있기 때문에, "역할 모델이 이전보다 더 중요시되고 있다. 거울 뉴런은 실제로 역할 모델의 중요성을 지지하고 있다. 다른 사람이 잘 수행하는 것을 보고 학습할 수 있다는 것을 알고 있기 때문이다. 우리는 이제 어떤 사람이 다른 사람이 수행하는 것을 관찰할 때, 이를 통해 그 사람 속에 있는 동일한 각성 패턴을 유발하는 기제를 이해하고 있다."(Freedman, 2007)

교실에서는 구두 의사소통이 필수적이다. 이는 특히 대화를 원하고 아이디어를 공유하며 자신의 생각을 다른 사람들에게 이야기하고 싶어 하는 대인관계 지향 학습자들에게 중요하다. 물론 아이디어를 공유하기 위한 지침을 제공하는 절차가 필요하다. 또한 교실에서 지원적인 분위기, 즉 소속감을 제공하고 과도한 스트레스나 지각된 위협을 경감시켜 주어야 한다.

원리 6: 모든 것이 학습에 영향을 미친다

우리 모두는 우리가 사는 세상의 의미를 찾는 데 관심이 있다(Sylwester, 1995). 환경의 장식과 정리정돈에서부터 개인의 신체언어와 얼굴 표정까지 모든 것이 두뇌 속에 의식적이거나 무의식적으로 저장된다. 두뇌는 주변 환경을 계속적으로 스캔하여 평가한다.

우리는 Michael Posner와 Mary Rothbart(2007)의 광범위한 연구에 근거하여 두뇌가 유입되는 정보의 계열적 처리자 역할을 수행하고 있음을 알고 있다. 우리의 두뇌에는 항상 능동적인 세 가지 기본 네트워크가 있다. 이들은 우리의 감각 환경에서 지각되는 입력 정보에 계열적으로 반응한다. 우리의 각성 체제는 특별한 사건이나 새로운 활동에 주의를 집중하게 한다. 각성 체제는 우리의 정향 네트워크(orienting networks)가 주의를 집중하고 상황을 탐색하도록 촉진한다. 대뇌피질을 포함한 우리의 실행 네트워크(executive networks)는 다음에 해야 할 행동을 계획하고 자발적으로 반응하도록 도와준다. 이러한 탐색과 정향 그리고 결정의 계열은 우리가 깨어 있는 시간 동안 쉬지 않고 반복되는 패턴이다.

주의집중에는 두 가지 주요 유형이 있다. 자극 지향 주의집중(stimulus-driven attention)은 두뇌가 움직임이나 소리, 색깔, 빛, 고통 등과 같은 생존 문제와 관련된 입력에 주목할 때 나타난다. 이때 두뇌는 잠재적 위협이나 위험이 해소되었음을 확신할 때까지 자극에 모든 주의를 집중한다. 목적 지향 주의집중(goal-driven attention)은 두뇌가 학습자에게 관련되거나 유의미하고 흥미 있는 과제나 활동을 수행할 때 나타난다. 학생들은 흥미가 매우 높을 때, 내부와 외부의 주의산만 요인들을 무시하고 다른 감각적 자극을 억제하고 모든 에너지를 수행 중인 과제에 집중할 수 있다(Medina, 2008).

어떤 사람들은 실제로 여러 과제를 한꺼번에 수행할 수 있는 능력을 근거 없는 믿음으로 생각한다. "우리는 생물학적으로 많은 주의집중을 요하는 과제들을 동시에 처리하는 것이 불가능하다."(Medina, 2008, p. 85) 두 가지 과제 사이를 왔다 갔다 하다 보면 힘이 빠져 각 과제에 대한 생산성이 저하될 수 있다. 이럴 경우 지속적으로 부분적인 주의집중 상태를 초래할 수 있다. 학생들 입장에서는 비생산적인 시간이다. 학생들은 의사를 결정하고 단계를 완수하기 위해 시간과 자료 그리고 과제를 조직하는 데 도움을 필요로 할 수 있다.

학생들은 또한 자신이 학습한 것을 요약하고 반성할 수 있는 조용한 시간이 필요하다. 메타인지 기능을 학습하면 학생들의 자기인식과 의도적으로 통제할 수 있는 능력을 기르는 데 도움을 준다. 학생들이 낮 동안 조용한 시간을 활용할 수 있도록 하거나 방해받지 않는 장소를 활용할 수 있도록 도와주라. 테크놀로지를 차단하거나 다른 주의산만 요인들을 제거해 주면 대부분의 아이가 (그리고 성인이!) 더 잘 하게 하는 데 도움이 된다.

우리가 말하거나 행하는 것 모두가 학생들의 주의를 끌 수도 있고 멀리할 수도 있다. 목소리 톤과 컬러풀한 전시, 교실에 설치하는 지원 구조물, 열정과 관심과 같은 모든 것이 무의식적인 차원에서 학생들에게 영향을 미친다. 두뇌는 의식적·무의식적 정보에 민감하다. 종종 비언어적 의사소통이 언어적 의사소통보다 더 강력하다.

원리 7: 각 두뇌는 서로 다르게 연결된다

모든 두뇌가 유사하게 작동되는 것처럼 보이지만 각기 독특하다. 이러한 독특성은 유전과 우리가 자라온 환경의 결과이다. 유전이 두뇌의 성장과 발달에 중요한 역할을 한다. 그러나 많은 신경과학자는 환경적인 요인들이 훨씬 더 큰 영향을 미칠 수 있다고 판단하였다(Shaw et al., 2006). 이러한 차이점으로 인해, 우리는 선호하는 학습방법을 포함한 많은 영역에서 좋아하는 것과 싫어하는 것들이 서로 다르다.

스탠퍼드 대학교 사범대학 교육학과 명예교수인 Elliot Eisner(1983)는 수업의 기예(art)와 단순한 기교(craft)의 차이는 모든 학습자에게 적합한 부가적인 수업전략과 기법들을 계속해서 습득하고자 하는 교사의 의지와 능력에 달려 있다고 가정하였다. 이러한 차이가 단순히 정보의 제공자가 아닌 촉진자로서의 교사가 되도록 한다.

오늘날의 학생들은 과거의 학생들과 달리 학습하기를 원한다. 『디지털 원주민 가르치기(Teaching Digital Natives)』의 저자인 Marc Prensky(2010)는 학생들이 "자기 시대의 도구를 활용하여 창조하기를 원한다."(p. 2)라고 기술하였다. 교육자로서 우리는 학생들의 두뇌가 어떻게 연결되어 있는지를 이해하기 위해 노력해야 할 책임이 있다. 정보화 시대에 수업의 기예는 어떠해야 하는가?

21세기의 두뇌

우리가 가르치는 학생들은 테크놀로지 시대에 태어난 N세대(Net Generation)의 일부이다. '디지털'이 모국어로 통용되기 때문에 이들을 디지털 원주민(digital natives)이라 부른다. 이들은 마우스를 손에 쥐고 태어났다. 디지털 테크놀로지와의 상호작용에 대개 주당 50시간 정도 몰두하는 것으로 추정된다. 카이저 가족재단(Kaiser Family Foundation, 2010)은 다음과 같이 보고하였다.

지난 5년이 넘는 동안, 젊은이들이 매체를 사용하는 시간은 6시간 21분에서 7시간 38분으로 1시간 17분 증가하였다. 이는 대부분의 성인이 직장에서 매일 근무하는 시간과 거의 맞먹는다. 하지만 성인들이 주 5일 근무하는 대신 젊은이들은 일주일 내내 매체를 사용한다. 더구나 젊은이들이 한 번에 한 가지 이상 매체를 사용하는 시간을 감안하면, 오늘날의 젊은이들은 총 10시간 45분에 해당되는 매체 내용을 매일 7시간 반으로 압축해서 사용하는 셈이다. (2004년 이래) 지난 5년이 넘는 동안 매체 노출 시간이 매일 2시간 25분 증가하였다(p. 2).

특정 두뇌 영역을 계속해서 자주 사용하면 해당 영역의 발달은 물론 크기와 밀도 그리고 효율성이 증가할 수 있다. Don Tapscott(2009)는 자신의 저서 『디지털 네이티브(Grown Up Digital)』[4]에서 연구자들이 비디오 게이머들의 시각 처리 영역이 더 발달하는지를 알기 위해 비디오 게이머들의 두뇌를 연구한 것을 보고하였다. 경험이 많은 게이머들이 게임을 하지 않은 사람들보다 시각 처리 영역이 더 발달하였으며, 시각 정보를 훨씬 더 빨리 처리하였다. 게임을 하지 않은 사람들에게 12일간 연속해서 매일 비디오 게임을 하도록 한 결과, 이들의 시각 처리 능력이 개선되었음을 보여 주었다. 학생들의 두뇌는 우리와 다르게 연결되어 있다. 따라서 우리의 수업 전략과 교실 조직도 이들의 새롭고 '개선된' 두뇌에 맞추어 재조직되어야 한다.

많은 논쟁에도 불구하고, 테크놀로지에 노출되는 것이 젊은이들의 두뇌에 모두 다 해가 되는 것은 아니다. 디지털 원주민은 새로운 의사소통 문화로 규정되어 전 세계로 연결되어 있다. 디지털 원주민의 두뇌는 속사포처럼 빠른 사이버 검색을 위해 연결되어 있다. 이들은 관심사에 재빨리 초점을 두어 핵심 정보를 찾아 훑어보고, 데이터를 분석하여 계속해야 할지 말아야 할지를 순간적으로 결정하는 방법을 학습하고 있다(Prensky, 2010).

그러나 스크린을 보는 시간이 과도하게 많아지면, 학생들이 야외에서 놀거나 운동할 수 있는 시간 그리고 다른 사람들과 면대면으로 상호작용하는 시간이 부족할 수 있다. 또한 학생들이 정보를 훑어보는 데 익숙해지기 때문에, 심층적인 이해와 복합적인 정보를 읽는 능력이 잘 발달되지 않을 수 있다(Small & Vorgan, 2008). 테크놀로지를 자주 활용하면 우리의 두뇌가 지속적으로 부분 집중 상태가 되어 완전히 몰입하거나 다른 것에 집중하기가 힘들어진다. 많은 사람이 장시간 컴퓨터 작업을 하고 난 뒤 기술적 뇌 소진(techno-brain burnout)을 경험한다. 이들은 불안정감과 피로감 그리고 주의가 쉽게 흐트러짐을 느끼는 것으로 보고되고 있다.

---

4) 역자 주: 『위키노믹스(Wikinomics)』의 저자 Don Tapscott이 저술한 책으로 『디지털 네이티브』라는 제목으로 국내에 번역·소개되었다(이진원 역, 비즈니스북스, 2009). 디지털과 함께 태어나고 성장한 디지털 네이티브들이 앞으로 세상을 어떻게 변화시켜 나갈지를 논의하고 있다.

그렇다면 교육자들이 어떻게 해야 하는가? Richard Louv(2011)는 그의 저서 『자연의 원리(The Nature Principle)』에서 학생들이 그가 주장한 '혼합적 사고방식(hybrid mind)'을 개발하도록 해야 한다고 제안하였다. "21세기를 위한 최고의 준비는 자연 경험과 가상 경험을 혼합하는 것이다."(p. 38) 우리는 교사로서 학생들이 건강한 몸과 마음을 유지하기 위해 실세계 경험과 면대면 상호작용 그리고 대인관계 기능을 권장하는 한편, 디지털을 교실 실제와 통합하여 절묘하게 균형을 이룰 수 있도록 하여야 한다.

학생들의 두뇌는 서로 다르게 사고하고 학습한다. 우리가 21세기 학습자들을 가르치는 과업을 떠맡고 있기 때문에, 학생들의 두뇌가 어떻게 연결되어 있는지를 연구하고 두뇌가 어떻게 하면 강력한 학습을 촉진할 수 있는지에 열중하여야 한다.

학습자들의 스위트 스폿 찾기

모든 학생이 성공하도록 돕는 데 가장 중요한 것은 모든 학생이 서로 다르다는 사실을 인식하는 것이다. 신경과학자 Sarah-Jayne Blakemore와 Uta Frith(2005)는 머지않아 더 많은 연구를 통해 교실에서 교사의 두뇌 속에서 어떤 일이 진행되는지를 이해할 수 있게 될 것으로 기대하고 있다. "최소한, 수업은 학생들에게 적합한 기회를 제공하고 그들이 이러한 기회를 활용하도록 격려하는 것을 의미한다."(p. 149)

학습에 고무된 순간에 몰입할 때, 학생들은 초점 주의와 고도의 흥미, 이전의 성공과의 연계 그리고 긍정적인 느낌이 교차하는 것을 경험한다. 우리는 이것을 학습자의 스위트 스폿(sweet spot)[5]이라 부른다([그림 1-3] 참조). 역량을 지닌 교사가 스위트 스폿을 발견하여 자극할 때, 스위트 스폿은 학생을 위해 모든 것을 변화시킬

---

5) 역자 주: 야구방망이, 골프채, 테니스나 탁구 라켓 등으로 공을 칠 때 많은 힘을 들이지 않고 공이 원하는 방향으로 잘 날아가게 하는 최적 지점이 스위트 스폿이다. 원래 스포츠 분야에서 나온 용어이나, 어떤 분야에서든 최고로 좋은 시기나 부분, 한마디로 최적화된 상태를 나타내는 의미로 폭넓게 사용되기도 한다.

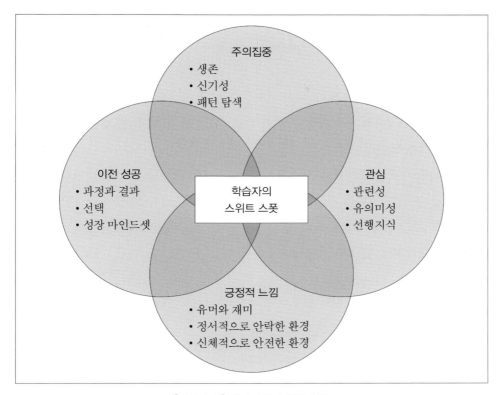

[그림 1-3] 학습자의 스위트 스폿

수 있는 성배(holy grail)가 된다. 교사들은 학생의 선행지식을 조사하여 과거에 어떻게 성공했는지를 확인하고 궁극적으로 학생이 과제에 얼마나 관심이 있는지를 예측하여 각 학생의 학습을 위한 스위트 스폿을 찾을 수 있다.

교사는 학습자의 스위트 스폿의 요소들을 결정하기 위해 공식적인 학생 프로파일 활용과 비공식적인 일화 관찰 자료 수집 또는 시행착오식 접근을 통해 학습자에 관한 정보를 수집해야 한다. 우리는 교사들이 네 가지 영역의 선행 경험을 탐구하여 개별 학습자의 스위트 스폿을 확인하여 표적으로 삼을 수 있다고 믿는다. 이들 네 가지 영역은 다음과 같다.

① **긍정적 느낌**   학습자가 수행해야 할 과제나 활동에 대해 긍정적인 느낌과 긍정적인 기억을 가지고 있는가? 학습자가 학교와 학습에 성공한 과거 역사가 있는가?

    a. 교실의 정서적 풍토와 분위기가 학습자의 요구와 불안 한계점에 도움이 되는지를 확인하라.

    b. 학습자에게 편안함을 제공하기 위해 물리적 환경을 조절하고 자유롭게 다닐 수 있는 기회를 제공하라.

    c. 교실 안에 있는 모두를 위해 즐거움과 재미 그리고 긍정적 존중의 분위기를 조성하고 유지하라.

② **주의집중**   특정 학습자에게 어떤 유형의 자극이 가장 매력 있고 주의를 집중하게 할 수 있는가?

    a. 학생들의 연령 분포와 성숙도 수준을 평가하여 반영하라.

    b. 학생의 기본 요구가 충족되고 먹고 마시고 움직이고 스트레칭할 수 있는 기회가 활동에 반드시 반영되도록 하라.

    c. 학생의 테크놀로지 경험에 기초하여 수업의 일부로 테크놀로지와 상호작용할 수 있는 기회를 제공하라.

③ **관심**   학습자가 적합한 선행지식을 가지고 있는가? 학습자가 개념이나 내용이 자신과 관련이 있다는 것을 알고 있는가? 개념이나 내용이 개인적으로 유의미한가?

    a. 학생이 탐구하는 데 관심이 있는 무언가를 연결고리로 제공하라.

    b. 주제에 대한 학생의 선행지식과 관심을 확인하기 위해 사전평가를 하라.

c. 이 주제—미래에 유의미할 수 있는 것—를 탐구해야 하는 이유를 제시하라.

④ **이전 성공**   학습자가 완수해야 할 과제나 활동과 같은 유형의 긍정적인 경험을 이전에 한 적이 있는가? 학습자가 특정 선택 활동이나 (시각, 청각, 운동 감각 또는 다중지능과 같은) 정보처리 기회에 대한 선호도를 보여 준 적이 있는가?

a. 주제에 대한 학생의 친숙도와 기초 지식이 어느 정도인지 확인하기 위하여 사전에 평가하라.
b. 사전 활동에서 특정 방식으로 처리하는 데 성공한 적이 있는지를 확인하기 위하여 학생의 프로파일을 참고하라.
c. 각 학생을 적극 참여하도록 유도할 수 있는 과정과 결과의 다양한 가능성을 활용하여 선택권을 어떻게 제시할지를 고려하라.

사람들은 자신이 편안하고 안전함을 느끼고 자신감이 있을 때 가장 잘 학습한다. 학생들이 자신의 강점을 활용하여 선호하는 양식이나 모드로 학습하는 것이 더 쉽다. 학생들의 스위트 스폿에 따라 가르치는 것은 학생의 인지적·정의적·생리적·심리적 요구는 물론 정보를 어떻게 지각하고 처리하며 주변 환경에 어떻게 참여하고 상호작용하며 반응하는지를 고려한다는 것을 의미한다.

학생들의 관심을 반영하게 되면, 학생과 교사 간의 긍정적인 관계를 촉진한다(Willingham, 2009). 교육자들은 학생들의 스위트 스폿과 학습 선호도를 이해함으로써 맞춤형 수업을 통해 서로 다른 선행 경험과 준비도 수준을 지닌 학생들이 학습에 적극적으로 참여하도록 하여 학습을 촉진할 수 있다.

학습양식이란 무엇인가

학습양식과 학습의 차이를 설명하는 많은 이론과 모형이 제안되었다. Sousa와 Tomlinson(2011)은 "신경과학 연구가 개인이 동일한 학습 과제를 성취하는 데 서로 다른 신경 네트워크를 활용하기 때문에, 사실상 서로 다른 방식으로 학습한다는 주장을 지지하는 제한된 증거를 발견하였다."(p. 147)라고 지적하였다. 학생들이 왜 학습에 대한 선호를 가지고 구체적인 학습양식을 보유하고 있는지를 이해하는 데 도움을 주는 결정적인 두뇌 연구가 없긴 하지만, 교사들은 모든 학생이 학습 선호도를 지니고 있다는 사실을 알고 있다. 교사는 학생의 사전 경험과 성공과 실패의 정도를 이해함으로써 새로운 정보와 기능을 수용하여 처리하고 적용하는 다양한 지적인 활동을 더 잘 수행하도록 도와줄 수 있다. 교사들은 역지사지하여 학생의 입장에서 생각함으로써 수업전략 도구상자를 확장할 수 있다.

교사들이 학생의 학습 선호도를 재조직하도록 도와주는 몇 가지 모형이 있다. 그중 한 가지 모형은 Kenneth Dunn과 Rita Dunn 교수(1987)가 소개하였다. 이들은 개인의 스타일을 청각과 시각, 촉각 그리고 운동감각으로 범주화한 학습양식 모형을 제안하였다.

청각 학습자

청각(auditory) 학습자들에게는 말하기와 듣기가 적합하다. 토론과 상호작용을 통해 적극적으로 참여하고 몰두한다. 청각 학습자들은 자신이 학습한 것을 다른 학생들과 공유하기를 바란다. 이들은 또한 자신의 목소리를 듣고 평가하기를 좋아한다.

시각 학습자

시각(visual) 학습자들에게는 삽화와 다이어그램, 차트와 그림이 적합하다. 시각 학습자들은 장기적인 의미와 기억을 산출하기 위해 상징과 색깔을 통합할 수 있는 그래픽 조직자를 활용하는 것을 좋아한다. 기억 속에서 시각 자극들이 연결되어 마음속으로 시각을 창출한다. 시각 학습자들은 시각적인 방식으로 처리되거나 상징 또는 그림으로 표현된 아이디어와 개념을 잘 재생한다.

촉각 학습자

촉각(tactile) 학습자들에게는 구체적인 자료나 조작물을 만지게 하거나 직접 조작하도록 하는 것이 좋다. 촉각 학습자들은 쓰거나 그림을 그리고 손으로 직접 학습에 참여하는 것을 좋아한다. 촉각 학습자들에게 무언가를 보게 하면, 이들은 직접 만져보기를 원한다. 촉각 학습자들은 손을 이용하여 정신을 집중하기 때문에 연필을 자주 두드린다. 촉각 학습자들은 운동감각 학습자들과 약간 비슷해서 모형을 만들거나 샘플을 구성하게 하면, 근육을 통해 기억을 촉진할 수 있다.

운동감각 학습자

운동감각(kinesthetic) 학습자들에게는 동작과 적용을 통해 학습에 신체적으로 참여하게 하는 것이 효과적이다. 이들은 드라마와 시뮬레이션 그리고 역할극에 참여하는 것을 좋아한다. 운동감각 학습자들에게는 전신을 활용하여 학습하게 하고 참여하는 기회를 제공하는 것이 중요하다. 이들은 '가만히 앉아 있는 것'을 지겨워하고 불만스러워한다. 자신들의 요구가 충족되지 않으면 주의가 산만해진다. 욕구불만과 스트레스는 혈류 속에 아드레날린과 코르티솔 분비를 야기하여 시간이 경과하면 심혈관 체제에 해로울 수 있다. 신체 활동은 혈류 속 코르티솔 수준을 낮추는 데 도움을 준다(Ratey, 2008).

모든 학습자에게 어필하기

맞춤형 교실에서는 모든 학습자가 자신이 선호하는 학습양식에 참여할 수 있는 충분한 시간이 제공되어야 한다. 수업을 설계하고 실행할 때 학생들의 서로 다른 학습양식을 반영해야 한다. 하지만 그렇다고 해서 학생들에게 꼬리표를 붙이는 것은 권장하지 않는다. 많은 학생의 학습 선호도는 역동적이어서 당면한 과제에 따라 변하거나 성숙과 더불어 진화한다. 여러 감각을 자극하기 위해 다양한 방식의 상호작용과 다양한 방법을 활용한 정교화 시연을 제공하면, 모든 학생이 의미를 이해하고 정보와 기능을 장기기억으로 이동할 수 있는 기회를 증가시킬 수 있다. 사려 깊은 교사들에게는 학습양식과 선호도가 "단순히 제한된 한 가지 수업방법이 아니라 명시적으로 혼합된 교육방법의 혜택임을 일깨워 준다."(Geake, 2009, p. 75)

Gardner의 다중지능이론

1984년 이래 많은 교육자가 Howard Gardner의 다중지능이론이 다양한 정보처리와 문제 해결 전략을 통합하는 유용한 모델이라는 사실을 알게 되었다. 비록 신경과학에 충분한 근거를 둔 것은 아니지만(음악-리듬 지능은 MRI상에서 두뇌에 나타나지 않는다!), 여덟 가지 지능은 교사들이 수업의 과정과 결과를 맞춤형으로 설계하는 데 유용한 개념적 틀과 용어 그리고 그에 상응하는 시사점을 제공해 준다. Gardner는 사람들이 고정된 IQ를 가진 것이 아니라 문제를 해결하고 위기에 대처하며 가치 있는 문화를 창안할 수 있는 다양한 성향의 지능을 가지고 있다고 제안하였다. Gardner의 여덟 가지 지능을 간략히 기술하면 다음과 같다.

처음 두 가지 지능은 의사소통 지능이다.

① **언어 지능**　　언어(verbal-linguistic) 지능이 높은 사람들에게는 의사소통이 중요하다. 언어 지능이 높은 사람들은 토론이나 스토리텔링 그리고 시를 암송하는 데 참여하는 기회를 소중하게 생각한다. 이들은 독서를 즐기고, 메타포와 말장난, 비유와 직유의 가치를 인정하고 언어에 몰입한다. 대개 청각 학습자들이며 듣고 말하고 읽고 쓰는 활동을 원한다. 이들은 편지와 팩스 그리고 컴퓨터와 휴대전화로 이메일과 트위터, 블로그하기 등 다양한 방법으로 의사소통하는 것을 즐긴다. 새로운 기술 공학적 의사소통 방법도 이들의 의사소통 기능을 증진시킨다. 우리가 사는 세계에서는 언어 기능이 필수적이다. 언어 지능이 뛰어난 직종은 언론 종사자와 저널리스트, 편집자, 웅변가 등이다.

② **음악 지능**　　음악(musical-rhythmic) 지능이 높은 사람들은 리듬과 운율, 멜로디 그리고 시와 음악의 박자 감각이 뛰어나다. 이들은 다양한 리듬 자원을 소중하게 인식하고 반응한다. 음악 지능이 높은 학생들이 종종 박자를 두드리는 모습을 목격할 수 있다. 이들은 기억 과정을 돕는 음악을 듣거나 리듬이나 운율을 활용할 때 가장 잘 학습한다. 음악-리듬 지능이 높은 사람들은 음악가나 시인 또는 작사가로서 극장과 관련된 경력을 가지고 있다.

다음 네 가지 지능은 대상과 관련된 지능이다.

③ **논리-수학 지능**　　논리-수학(logical-mathematical) 지능이 높은 사람들은 패턴 개발, 숫자 활용, 인과관계 인식 그리고 아이디어를 조직하고 계열화하는 것을 좋아한다. 이들은 논리와 추론, 데이터를 활용하여 문제를 해결하고 가설을 설정하고 논리적 근거를 산출한다. 수학자와 프로그래머, 탐구자, 법률가 등이 논리-수학 지능 영역이 높다.

④ **시공간 지능**　　시공간(visual-spatial) 지능이 높은 사람들은 세부적인 측면을 잘

볼 수 있으며, 색깔과 상징에 민감하다. 새로운 정보나 개념의 이해 여부를 실증하기 위해 차트와 표상을 자주 활용한다. 이러한 학습자들은 기억 과정을 촉진하기 위해 시각 자료를 성공적으로 활용한다. 이들은 일반적으로 공간 관계와 시각적 단서에 근거하여 항해하는 타고난 적성을 가지고 있다. 엔지니어와 건축가, 예술가와 조각가, 비디오 제작자, 영화 제작자와 연극이나 영화감독 등은 시공간 지능이 높은 사람들이다.

⑤ **신체-운동감각 지능**　신체-운동감각(bodily-kinesthetic) 지능이 높은 사람들은 자신의 신체에 뛰어난 감각과 인식을 가지고 있기 때문에 대근육과 소근육을 활용하는 재능이 매우 발달해 있다. 이들은 자료를 조작하는 데 관심이 많다. 아이디어와 개념을 종이와 연필을 사용하기보다는 구체적인 방식으로 적용하는 것을 좋아한다. 또한 행동 지향적인 활동을 가치 있게 생각한다. 신체-운동감각 지능이 높은 사람들은 스포츠와 연기, 의료 분야의 직업에서 두각을 나타낸다.

⑥ **자연친화 지능**　자연친화(naturalist) 지능이 높은 사람들은 모든 종의 동식물을 포함하여 세상과 자연을 소중하게 인식하고 존중한다. 이들은 자연의 패턴과 세부 측면에 주목하여 잘 분류하고 조직한다. 이러한 특징은 이들의 삶의 다른 측면에도 잘 전이된다. 환경 운동가와 식물학자 등이 자연친화 지능이 높은 사람들에게 매력적인 직업이다.

마지막 두 가지 지능은 자신과 사회적 선호도와 관련되어 있다.

⑦ **대인관계 지능**　대인관계(interpersonal) 지능이 높은 사람들은 사회적 기능이 매우 발달되어 있다. 이들은 일반적으로 다른 사람들에게 민감하고 공감적이며 주변 사람들의 감정과 분위기를 잘 읽는다. 팀 구성원으로서의 역할을 잘 수

행한다. 코칭과 중재, 상담 등이 대인관계 지능이 높은 사람들에게는 적합한 직종이다.

⑧ **자기이해 지능**　　자기이해(intrapersonal) 지능이 높은 사람들은 일반적으로 매우 자기성찰적이다. 이들은 자신의 감정과 느낌을 인식하여 관리하고 이러한 지식을 자신의 기분과 행동을 조절하는 데 잘 활용하는 능력을 가지고 있다. 이들은 메타인지를 활용하여 자신을 평가하고 목적을 설정한다. 자기이해 지능이 높은 사람들은 자신의 장점을 확인하고 자신의 요구를 수용하여 자신을 주도하고 교정할 수 있다.

Gardner는 또한 '실존(existential) 지능'이라 부르는 아홉 번째 지능의 가능성을 제안하였다. 실존 지능이 높은 학습자들은 존재의 이유에 대한 성찰에 민감한 사람들이다. '내가 왜 여기에 있는가?' '내가 어떤 기여를 하고 있는가?' '삶의 의미가 무엇인가?' 그리고 '나의 유산은 무엇일까?'와 같은 질문을 깊이 생각한다. 이러한 질문을 탐구하기 위해 심층적 사고와 자기반성 그리고 명상을 활용한다. 그러나 아직 모든 확인된 준거가 충족되지 않았기 때문에 Gardner는 실존 지능을 명확한 지능으로 분류하지 않았다.

저자들은 실행 연구를 통해 학생들에게 다중지능이론을 매력적인 선택 활동과 학습 과제를 제공하는 한 가지 방법으로 활용하여 크게 성공하였다. 이런 식으로 모든 학생은 때로는 자신의 장점 영역에서 활동하고, 때로는 아직 발달되지 않은 영역에서 능력을 확장하기 위해 노력하고 있다. 성공적인 경험은 효능감과 자신감을 제공하여 어려운 학습 과제를 더 잘 수행할 수 있게 해 준다. 두뇌에서 기분이 좋아지는 천연 화학물질인 엔도르핀이 증가하여 기억이 강화된다. 우리가 학생들의 스위트 스폿을 확인하면, 다중지능이론이 맞춤형 수업전략을 설계하는 데 도움이 된다는 사실을 알게 된다.

교사의 마인드셋

교육자로서 올해 자신의 목표가 무엇인가? 담당하고 있는 모든 학생을 위한 희망을 높게 가지고 있는가? 올해도 그럭저럭 무사히 지내 온 해 중의 한 해인가? 학생들의 선행지식과 참여 부족 때문에 좌절하고 있는가? 가르치고자 하는 동기유발을 어떻게 하고 있는가? 아마도 여러분은 다른 사람들에게 새로운 전략을 시도하게 하고, 예산 삭감에도 불구하고 의욕을 가지라고 하고, 반항하는 학생들에게도 끊임없이 희망적인 태도를 유지하도록 재촉하는 전문 학습 공동체(Professional Learning Community: PLC)의 치어리더가 되어야 할지도 모른다. 무관심한 학생들과 새로운 행정 그리고 비협조적인(또는 결손) 부모의 요구에 압도될 수도 있다. 학생의 학습에 대한 자신의 개인적 동기와 전망을 성찰하는 시간을 가지는 것이 바람직하다.

스탠퍼드 대학교의 심리학 교수인 Carol Dweck은 동기유발과 지능 분야의 전문가이다. Dweck은 자신의 저서 『마인드셋: 새로운 성공 심리학(Mindset: The New Psychology of Success)(2006)』에서 많은 사람이 지능을 어떻게 보고 있는지 그리고 능력이 어디에서 오는지를 논의하였다. Dweck에 따르면, 사람들은 자신의 지능관과 성공관에 따라 '고정(fixed)' 마인드셋과 '성장(growth)' 마인드셋의 연속선상에 있다. 자신의 성공과 능력이 열심히 일하고 학습한 결과라고 믿는 사람들은 성장 마인드셋을 가진 것으로 기술하였다. 성장 마인드셋을 가진 사람들은 난관이 있더라도 계속해서 열심히 일하려는 경향이 있다. 이런 사람들은 또 다른 기회가 주어지면 수행을 개선할 수 있다고 생각하기 때문에 실패를 별로 두려워하지 않는다. 반면, 자신은 제한된 능력을 가지고 태어났다고 믿는 사람들은 고정 마인드셋을 가진 것으로 기술하였다. 고정 마인드셋을 가진 사람들은 실패가 자신의 능력이 부족함을 드러낸다고 생각하기 때문에 실패를 두려워하는 경향이 있다. 이런 사람들은 자신이 아무리 노력하더라도 자신이 지닌 한계를 극복할 수 없다고 생각하기 때문에 쉽게 포기한다. 효과적인 교사는 교수 · 학습 과정 전반에 걸쳐 자신과 학생들의 행동을 가이드할 수

〈표 1-1〉 교사와 학생의 고정 마인드셋과 성장 마인드셋

마인드셋	교사	학생
고정	• '똑똑한' 또는 '똑똑하지 못한' 것은 타고난다고 믿는다. • 궁극적으로 유전과 환경이 개인의 잠재 능력을 결정한다고 믿는다. • 흔히 학생들을 능력에 따라 차별한다. • 학생들이 불변의 특질을 가지고 있다고 믿고 그에 따라 평가한다.	• 자신을 '똑똑한' 또는 '똑똑하지 못한' 사람으로 인식한다. • 부모의 능력(또는 결핍)과 배경이 자신의 잠재 능력을 결정한다고 믿는다. • 자신이 빨리 학습하지 못하면 똑똑하지 못한 것으로 생각한다. • 자신이 똑똑하면 노력할 필요가 없다고 믿는다.
성장	• 학생들이 다양한 능력을 개발하도록 돕는 데 관심을 가진다. • 학습을 위한 다양한 기회를 제공한다. • 학생들이 모든 장애요인을 극복하고 성공할 수 있다고 믿는다.	• 자신의 실수를 통해 배울 수 있다고 믿는다. • 다시 시도하고 더 열심히 노력하려고 동기를 부여한다. • 현재의 자신과 미래의 자신은 부모와 환경에 의해 결정되는 것이 아니라는 것을 안다.

있다는 긍정적인 마인드셋을 가지고 있다(Brooks & Goldstein, 2008).

　　Dweck은 교육적 경험과 교실 상호작용이 학생의 마인드셋 개발에 기여할 수 있다고 믿는다. 학생들의 수행에 대한 절묘한 코멘트가 학생들이 자신을 성공적인(또는 성공적이지 못한) 학습자로 인식하는 데 영향을 미칠 수 있다. 만약 교사가 "잘했어, 정말 똑똑해."와 같은 칭찬 진술만 하면, 학생의 고정 마인드셋이 더 강화될 수 있다. "잘했어, 열심히 잘하고 있어."와 같은 칭찬과 격려를 활용하는 교사는 성장 마인드셋을 개발하는 데 도움을 줄 수 있다. 자신의 능력에 대한 학생의 마인드셋은 학생의 능력에 대한 교사의 마인드셋에 의해 증진되거나 저하될 수 있다(〈표 1-1〉 참조).

　　환경도 마인드셋을 개발하는 데 기여한다. "30년 이상의 연구를 통해 성장 마인드셋 가정에서 자란 아동들이 고정 마인드셋 가정에서 자란 아동들보다 학업 성취도가 지속적으로 높게 나타난 것으로 확인되었다. 이들은 성인 생활에서도 마찬

가지로 더 나은 것으로 확인되었다. 이러한 사실은 그다지 놀라운 것이 아니다." (Medina, 2010, p. 140) 교사와 부모들도 학생들이 학습을 평생 추구해야 할 소중한 가치로 생각하도록 격려하여, 한편으로는 유동(fluid) 마인드셋으로도 알려진 성장 마인드셋을 개발하도록 도울 수 있다.

학습에 대한 자신의 마인드셋을 성찰하는 시간을 가지라. 당신이 학생들을 대할 때 그들의 능력이 유전과 경험 그리고 환경에 의해 이미 결정되어 있다고 생각하는 가? 모든 학생이 다 잘 학습할 수는 없다는 것을 가정하고 가르치는가? 학습과 지능에 대한 고정 마인드셋은 맞춤형 수업전략을 효과적으로 적용하는 능력을 제한할 수 있다. 모든 학생을 위하여 다양한 학습 환경을 구성하고 이를 실행하려는 동기를 계속 유지하는 것은 지능에 대한 성장 마인드셋에 달려 있다. 올해는 모든 학생이 학습을 계속할 수 있다고 생각하는가? 모든 학생이 열심히 공부하고 다양한 기회와 인내 그리고 다양한 전략을 제공하면 성장할 수 있다고 생각하는가?

학생 집단이 계속 정해진 길을 따라가게 하거나 그들을 비슷하게 만드는 교육 체제와 교실은 실제로 학생들에 대한 고정 마인드셋을 강화할 수 있다. 중간 정도 수준에 도달하게 되면, 학생들은 무관심하거나 좌절할 수도 있다. "그걸 왜 시도해야해? 나는 계속 쉬운 것만 할 거야." 또는 "열심히 할 필요가 없어. 학교는 내게 너무 쉬워." 학습의 차이를 존중하고 다양한 방식으로 학습을 촉진하고, 개별 학습자가 서로 다른 시간표로 숙달하도록 하는 교실은 성장 마인드셋을 강화한다.

생각은 크게, 시작은 작게[6]

맞춤형 수업전략을 성공적으로 실행하는 것은 자신의 현재 마인드셋과 사고를 전환하고자 하는 자발적 의지에 달려 있다. 학습에 대해 유동적인 성장 마인드셋을 가진 교사들은 항상 학생들의 잠재 능력을 크게 생각한다. 이런 교사들은 수업의 가능성을 크게 인식하고 학생들이 계속 성장하고 학습하도록 도와줄 수 있는 맞춤형 수업전략을 기꺼이 찾으려고 한다. 또한 학생들의 요구를 수용하는 교실 환경을 설계하고 그들의 스위트 스폿을 확인한다. 교사와 학생들 간의 관계와 대화를 권장하고, 도전에 직면하거나 성공을 경험할 때 이를 적극 지원한다. 학생들의 학습을 위해 가능한 대안들을 어떻게 조직할 것인가를 상상할 때 크게 생각하라(think big).

학생들의 학습을 위해 다양한 기회를 제공하려는 동기가 강하다 하더라도 시작은 작게(start small) 하라! 성장 마인드셋을 가진 교사들은 모든 학생들의 독특한 요구를 만족시키려고 노력하지만, 결과적으로 그들 자신과 학생들을 좌절시킬 수도 있다. 어떤 교사들은 맞춤형 수업을 사고와 계획의 일부로 보고 마인드셋을 보다 학생 중심 교실로 전환하는 것이 더 쉬울 수도 있다. 다른 교사들은 후속 장들에 제시된 일부 전략을 선정해서 천천히 시작해도 더 크게 성공할 수 있다. 일단 시작부터 하라. 그러면 매주, 매월, 매년 자신이 더 잘하고 있다는 것을 발견하게 될 것이다.

할 수 있는 모든 것을 다하라. 하지만 한꺼번에 다 하지는 말라!

요약

일반교육에서의 맞춤형 수업　　맞춤형 수업이 왜 일반교육을 하는 교실에서 실행되어야 하는지에 대한 논의
- 사회적 · 문화적 · 경제적 다양성: 26쪽
- 중재 반응(RTI)에 대한 개요: 27쪽

양질의 맞춤형 수업　　양질의 맞춤형 수업은 무엇을 의미하는가? 양질의 맞춤형

---

6) 역자 주: 원문은 Think Big, Start Small로 이 책의 제목이기도 하다. 생각, 즉 목표는 크게 하되, 시작은 작게 하라는 의미이다. 노자의 『도덕경』 제63장에 나오는 "爲大於其細(위대어기세: 큰 목표를 실현하기 위해서는 작은 일에서 시작해야 한다)"와도 일맥상통한다. Think Big, Start Small 뒤에 Act Now(행동은 바로), Act Fast(행동은 빨리), Grow Deep(성장은 깊게), Grow Fast(성장은 빨리), Learn Fast(학습은 빨리), Move Fast(움직임은 빨리) 등의 표현을 붙여 다양한 분야에서 슬로건처럼 사용되고 있다.

수업에 대한 지표와 요소들에 대한 설명

- '장님과 코끼리': 28쪽
- 맞춤형 수업의 정의: 29쪽
- 맞춤형 수업의 다섯 가지 지표와 요소들: 29쪽

두뇌 친화적 교실 특히 다음 주제들과 관련된 두뇌 친화적 교실의 의미

- 신경과학과 교육: 30쪽
- 각성의 법칙: 32쪽
- 몰입: 33쪽
- 일곱 가지 공통 두뇌 원리: 34쪽

21세기 두뇌 21세기 교실의 두뇌에 관한 탐구

- 디지털 원주민: 42쪽
- 스위트 스폿: 44쪽

학습양식 학습자들의 학습방식과 학습 선호도가 어떻게 서로 다른지에 대한 논의

- 청각, 시각, 촉각, 운동감각: 48쪽
- 다중지능: 50쪽

교사의 마인드셋 교사의 마인드셋이 교실에서 맞춤형 수업의 성공에 명백한 영향을 미친다.

- 고정 또는 성장 마인드셋: 54쪽

생각은 크게, 시작은 작게 교실과 학교에서 맞춤형 수업을 시작하거나 계속하는 방안 제안: 56쪽

CHAPTER **02**

두뇌 친화적 환경 창안하기

두뇌 연구가 우리에게—아주 분명하게—알려 주는 한 가지는 우리가 아이들을 양육하고 가르치는 방식이 아이들의 두뇌 형성에 도움을 줄 뿐만 아니라 유전자의 역할 수행 방식에도 영향을 미치고 심지어 이를 변화시킬 수도 있다는 사실이다. 그러나 이러한 고무적인 소식은 또한 우리가 관리할 수 있는 요인들—아이들이 성장하는 동안 가정과 학교에서 일어날 수 있는 대부분의 일—에 주의를 기울여야 할 막중한 책임이 있음을 의미한다.

－Jane M. Healy

맞춤형 수업전략을 효과적으로 실행하기 위해 교사들은 두뇌 친화적 환경을 설계하고 조직해야 한다. 우리는 교육자들이 자연 학습(natural learning)이 일어나는 방식과 유사한 교실을 창출하기 위해 신경과학 연구에서 도출된 몇 가지 기본 신조를 이해하고 적용할 수 있다고 믿는다. 이 장에서 우리는 학생들이 교실을 편안하고 안전하며 도전감과 동기유발, 성공감, 소속감 그리고 독립심을 느끼게 하는 장소로 전환하는 데 도움을 줄 수 있는 다양한 시사점을 제공한다. 앞서 논의한 것처럼 개별 학생들을 위한 완벽한 학습 환경을 제공하기 위해서는 학생 각자의 스위트 스폿을 확인하는 것이 중요하다. 예를 들어, 어떤 학습자들은 좌석에 대한 선호도가 있는 반면, 다른 학습자들은 조명과 음향에 대한 선호도를 가지고 있다. 교육자로서 우리의 도전은 다양한 선택권을 부여하여 개별 학습자의 요구를 더 잘 만족시킬 수 있는 학습 환경을 제공하는 것이다.

두뇌 친화적 교실을 설계할 때 고려해야 할 기본 범주는 다음과 같다.

- 물리적 환경: 조명, 소음, 공기
- 기본 욕구: 배고픔, 목마름, 피로, 운동
- 시스템과 패턴: 일정, 절차, 독립을 위한 자기조력(self-help) 전략
- 스트레스 관리: 감정, 휴식, 대처 기술 관리
- 사회적 관계: 소속감, 집단, 파트너

물리적 환경

많은 학생은 교실의 물리적 측면에 민감하다. 자연광 부족과 에어컨과 테크놀로지 사용으로 인한 주변 소음, 기온과 공기의 질 모두가 학생들의 두뇌가 학습하고 몰입하는 데 장애를 초래할 수 있다. 안락한 환경과 풍토가 결여된 교실은 학생들에게 위협이 되거나 불편한 요소가 될 수 있다. 두뇌와 신체에 친화적인 교실을 조성하기 위한 다양한 해결 방안이 있다.

햇빛이 잘 들게 하라

교실에서 자연광을 어떻게 활용하고 있는지 생각해 보라. 태양은 빛의 완벽

한 스펙트럼을 제공해 주기 때문에 건강을 증진할 수 있다(Hathaway, Hargreaves, Thompson, & Novitsky, 1992). 야외에서 많은 시간을 보낼 수 있는 학생들에게는 실내 조명의 질이 중요하지 않을 수도 있다. 그러나 많은 학생이 대부분의 시간을 실내에서 보내기 때문에 자연광에 더 많이 노출되도록 하는 것이 매우 중요하다.

Geake(2009)에 따르면, "미래의 학교를 위한 또 다른 가능성은 교실의 물리적 환경, 특히 조명의 변화를 포함하고 있다. …… 이는 현재 학교 교실에서 널리 사용되고 있는 네온 조명을 다시 평가해야 한다는 것을 암시한다."(p. 187) 교실을 변화시키는 데 유용한 제안 사항 리스트는 다음과 같다.

- 교실 창문에 불필요한 커튼이나 블라인드를 달거나 장식을 하지 말라.
- 여론조사를 통해 자연광 가까이에 앉을 때 더 잘 학습한다고 생각하는 학생들을 파악하라.
- 좌석을 순환 배치하면서 학생들에게 주의집중과 졸지 않고 깨어 있기 그리고 텍스트 읽기 능력에 차이가 있었는지 물어보라.
- 적합하고 편리한 때에 수업의 일부를 야외에서 하는 것을 생각해 보라.

규격 조명에 대한 적응

전통적인 교실은 자연광을 염두에 두고 설계되지 않았을 수도 있다. 냉방과 난방 비용을 줄이기 위해 창문조차 없는 교실도 있다. 오늘날 많은 교실에는 일반적으로 표준 형광 조명 기구가 설치되어 있다. 조명의 방향을 바꾸거나 강화하기 위해 발라스트(ballasts)와 배플(baffles)을 사용하는 곳도 있다. 그러나 많은 교실에 빛의 스펙트럼이 제한되어 있다. 형광 조명 기구는 흔히 깜빡거림과 번쩍임, 진동과 윙윙거리는 소리가 동반된다. 하지만 학생들은 이러한 현상이 학습에 어떤 영향을 미치는지 잘 모르고 있다. 열악한 조명의 부작용을 줄이기 위해 다음과 같은 점들을 고려하라.

- 수업 시간의 일부 동안 불필요한 형광 조명을 끄라. 빛이 더 필요하면, 백열전구를 끼운 조그마한 램프를 사용하여 교실 조명을 밝게 하라.
- 60W 전구를 끼운 조그만 테이블 램프 여러 개를 독서 지역과 공부할 곳 그리고 작업 지역에 전략적으로 배치하라.
- 일부 학생에게는 조명의 진동이 거슬려 텍스트를 읽을 때 장애가 될 수 있다. (순백색 용지에 검은 글씨로 된) 선명한 인쇄는 활자들이 춤을 추는 것처럼 보여 집중하기 어렵고 눈의 피로를 유발할 수 있다. 이런 경우, 짜증스러운 빛으로부터 눈을 보호하기 위해 학생들에게 창이 있는 모자나 바이저(visor)를 착용하게 하라.
- Irlen Method®(http://irlen.com)는 연구를 기반으로 하여 두뇌의 시각 정보처리 능력을 개선하기 위해 인쇄된 페이지 위에 컬러로 된 오버레이와 필터를 사용하는 방법이다. 학생들이 텍스트를 읽을 때 북마크 크기의 직사각형으로 된 (노랑, 파랑 또는 분홍색) 컬러 투시 자료를 오버레이로 활용하게 하라.

지겨운 소음 속에서 활동

교실에는 항상 배경 소음이 존재하며 이는 불가피하다. 냉방과 난방 시스템이 수시로 가동된다. 조명 기구에서도 불편한 소리가 날 수 있다. 교실 안에는 많은 테크놀로지가 설치되어 있기 때문에 컴퓨터와 모니터, 프로젝터 그리고 음향 체제에서도 지겨운 소음이 감지될 수 있다. 주변의 소음은 주의력장애를 가진 학생들이 집중하는 데 방해가 될 수 있다. 감각에 예민한 학생들은 괴로워하거나 과잉 행동을 할 수 있다. 연구에 따르면, 만성적인 배경 소음이 학생들의 주의집중 체제와 말과 언어를 개발하는 능력, 복잡한 자료에 대한 이해 그리고 학업 성취도에 영향을 미칠 수 있다(Maxwell & Evans, 연도 미상).

배경 소음에 민감한 학생들을 위한 몇 가지 대응전략은 다음과 같다.

- 경우에 따라 (부드러운 음악이나 물소리, 파도 소리 등과 같은 '백색 소음'으로) 진정시키는 소리를 제공하면, 여러 유형의 배경 소음을 완화하고 평온함과 이완을 촉진할 수 있다.
- 교사가 수업하는 내용은 듣게 하는 반면, 학생들이 활동하는 시간 동안에 고무 귀마개를 착용하도록 하면 배경 소음을 줄이는 데 도움을 줄 수 있다. 학생들이 사용하지 않을 때에는 목에 걸칠 수 있는 선이 달린 귀마개가 좋다. 반으로 접은 스티커식 파일 폴더를 명찰로 활용하라.
- 개별 활동 시간 동안, 어떤 학생들은 음악을 들으면서 더 잘할 수 있다. 대신 반드시 볼륨을 적당하게 하도록 하라. 우수한 학생이라면, 어떤 형태의 음악을 듣든 신경 쓰지 말라.
- 학생들이 학습 센터에서 활동하는 동안, 패드형 헤드폰을 착용하면 다른 소음을 통제할 수 있다.

공기 문제

교실에 있는 실내 공기의 질이 세 가지 중요한 측면에서 부정적인 영향을 미칠 수 있다. 첫째, 카펫과 페인트 그리고 가구를 포함하여 건물을 지을 때 사용된 물질들이 아직도 휘발성 유기 화합물(Volatile Organic Compounds: VOCs)을 방출할 수 있다. 포름알데히드와 아세톤과 같은 화학약품은 발암 물질일 뿐만 아니라 두통과 호흡기 질환, 눈의 염증 그리고 구역질을 야기할 수 있다. 둘째, 교실 안에 박테리아와 곰팡이가 존재할 수 있다. 따라서 일부 학생에게 알레르기 반응을 초래할 수 있다. 셋째, 실내 공기는 불완전한 환기 체제 때문에 이산화탄소의 농도가 높을 수 있다. 이로 인해 졸음이 유발될 수 있다(Shaughnessy, Haverinen-Shaughnessy, Nevalainen, & Moschandreas, 2006). 교실 안 공기의 질을 양호하게 유지할 수 있는 아이디어는 다음과 같다.

- 탐정이 되어 교실에 사용된 건축 재료에 대해 더 많은 정보를 찾으라. 흔히 이동식 구조물과 새 카펫이 진범이다.
- 난방과 냉방 시스템에 있는 곰팡이를 규칙적으로 체크하는 옹호자가 되라.
- 공기를 순환하는 방법을 찾으라. 가능하면 창문과 문을 열고 팬을 가동하라.

실내 공기의 질에 영향을 미치는 모든 조건이 불쾌하고 주의집중을 방해하는 나쁜 향을 유발할 수 있다. 교실의 냄새를 개선하기 위해 다양한 방식으로 실험하라. 그러나 알레르기가 있는 학생들을 배려하라. 공기의 신선도를 개선하기 위한 몇 가지 제안은 다음과 같다.

- 학생들이 교실에 들어오기 전에 탈지면이나 휴지에 (라벤더나 장미, 오렌지와 같은) 천연 에센스 오일을 묻혀 두면 좋은 향기를 발산할 수 있다.
- 교실에 유쾌한 향을 유지하기 위해 많은 교사는 디퓨저(diffuser, 공기 확산기)를 활용하고 있다.
- 잡동사니들을 잘 정리해 두라. 책이나 연필, 미술 재료 그리고 음식과 요리 재료 등이 있는 곳에는 곰팡이와 거미, 집 먼지 진드기, 설치류 등이 존재할 수 있다. 이런 잡동사니들은 공기의 질과 냄새에 영향을 미칠 뿐만 아니라 시각적으로도 주의를 분산할 수 있다.

기본 욕구

학생들의 기본 욕구가 먼저 충족되지 않으면, 가장 좋은 맞춤형 수업전략도 실패할 수 있다. 학생들이 배가 고프거나 목이 마르거나 피로하거나 또는 움직이고 싶을 때는 생존 모드가 작동해서 두뇌가 주의를 집중하지 못하게 한다. 심리학자 Abraham Maslow는 인간의 기본 욕구의 위계를 제시하였다. 이는 인간의 기본적인 생리적 욕구와 안전 욕구가 충족되지 않으면, 상위 수준의 욕구로 나아가는 것이 사실상 불가능함을 의미한다. 두뇌 친화적 교실에서 성공적인 학습을 보장하기 위해 교사들은 인지적 성장에 주의를 기울여야 할 뿐만 아니라 학생들의 기본 욕구와 정서적 행복감(well-being)을 확인하고 이를 해결해 주어야 한다.

배고픔

과학 저널리스트 Judith Horstman(2009)은 배가 고플 때 일어나는 신체 상태를 다음과 같이 보고하였다.

> 혈당이 급락하고 세로토닌이 부족하여 주의집중 장애가 발생하고 두뇌가 예민해진다. …… 생존은 물론 나아가 정서적 안정을 유지하기 위해 (포도당과 같은) 연료와 (필수 아미노산과 같은) 구성 요소를 보충해 주어야 한다(p. 72).

많은 학생은 활동을 계속하기 위해 약간의 자양분이 필요할 수도 있다. (물론 교실에서 학생들에게 식품을 제공하는 데 한계가 있을 수 있다. 따라서 다음과 같은 제안들을 실행하기 전에 반드시 학교나 교육청의 정책을 확인하라.) 배고픔 문제를 해결하기 위해 손쉽게 할 수 있는 아이디어는 다음과 같다.

- (땅콩이 들어 있지 않은) 그래놀라바나 건포도, 말린 과일, 크래커 등과 같은 에너지를 제공해 주는 작은 먹을거리가 필요할 때, 뚜껑이 달린 플라스틱 튜브에 개별적으로 포장된 간식을 보관하게 하는 방안을 고려해 보라.
- 학부모들이 학생들을 위해 무료 또는 저렴한 가격으로 아침식사와 점심식사 프로그램을 제공하는 후원자가 되게 하라. 많은 학부모가 부끄러워하거나 또 다른 이유로 지원에 적극 나서지 않는다. 이러한 프로그램을 통해 학생들이 혜택을 받을 수 있도록 하라.

일부 초등학교는 점심시간 후 쉬는 시간과 점심시간을 변경하여 오후에 배가 고파하는 학생들의 문제를 해결하는 데 성공하였다. 이러한 시도는 점심을 먹고 나서 쉬는 시간을 대비하기 위해 서둘러 점심을 먹고서는 오후에 배고픔을 느끼는 학생들을 위한 간편한 해결책이다. 학생들이 먼저 놀고 나서 교실에 들어와 점심을 먹게 된다. 또 다른 해결 방안은 학교 전체 커뮤니티를 참여시키는 것이다. 두뇌에 적시에 더 많은 포도당과 산소를 공급하기 위해 일부 학교는 거의 90분에서 100분 단위로 공부한 다음, 신체 활동과 영양 간식을 제공하는 시간표를 운영하고 있다.

식수대

처음 '두뇌 기반(brain-based)' 교실이 주창되었을 때, 학습을 극대화하기 위해 많은 교실에서 학생들에게 식수를 적당히 제공해 줄 것을 강조하였다. 모든 학생이 책상에 자신의 물병을 두도록 할 필요가 없다. 이렇게 하면 오히려 주의집중을 방해할 수 있다는 것이 상식이다. 그러나 많은 학생은 하루 일과 동안 적합한 수분을 섭취하지 못할 수도 있다. 수분은 혈액순환과 혈압을 적당하게 유지하도록 도와주고, 신체 전반에 영양소를 운반해 준다. 또한 신경전달물질의 전이를 촉진하고, 나아가 폐가 산소를 보다 효율적으로 흡입할 수 있도록 도와준다(Horstman, 2009; Sousa, 2006). 학생이 두통이나 몸이 좋지 않다고 호소할 때, 물 한잔이 간단한 해결책이 될 수 있다. 수분 섭취와 관련하여 고려해야 할 몇 가지 제안은 다음과 같다.

- 물을 자주 마실 수 있게 하고, 물을 쉽게 찾을 수 있도록 하라.
- 물이 필요한 순간을 잘 포착하라. 일부 학생에게는 물을 마시게 하는 것이 두뇌에 더 많은 산소와 포도당을 전달하여 코르티솔과 스트레스를 낮추어 줄 뿐만 아니라 동작을 민첩하게 할 수 있게 해 준다.
- 학생들에게 규칙적인 수분 섭취의 중요성과 탄산음료와 카페인 함유 음료로 인해 발생할 수 있는 위험성에 대해 가르치라.

일어나, 꼬마 수지, 일어나!

저자 David Sousa는 점심식사 후의 시간을 '학습의 블랙 홀(black hole of learning)'이라고 명명하였다. 아마도 여러분은 하루 중 학생들이 특히 느리고 둔한 시간을 목격하였을 것이다. 우리는 개인적으로 약간 다른 체내 시계(body clock)를 가지고 있다. 이러한 "내부 생체 심박조율기(inner biological pacemaker)"(Horstman, 2009, p. 8)가 신체 사이클과 잠자고 깨는 스케줄을 조절한다. 이러한 하루주기 리듬(circadian rhythm)은 학생들이 성장하면서 변화될 수 있다. 일부 학교는 중등학교 수준에서 시작 시간을 늦추는 실험을 하고 있다. 뿐만 아니라 장시간 앉아 있게 되면 혈액이 하지 근육으로 흘러 들어가 피로를 유발할 수 있다. 학생들을 일깨워 더 집중하도록 하는 다음과 같은 몇 가지 쉬운 방법이 있다.

- 예를 들어, 학생들이 자리에서 일어나 발가락으로 서서 종아리 근육을 활성화하게 하라. 발가락에 힘을 주어 들어 올릴 때 종아리 근육이 제2의 심장처럼 작동하여 하지 근육으로부터 혈액이 순환하는 데 도움을 줄 수 있다.
- 학생들에게 머리로 원을 그리며 천천히 돌려 긴장된 목 근육을 풀고 이완되게 하라. 긴장된 목 근육은 혈액이 두뇌로 흘러 들어가는 것을 위축시켜 졸음을 유발할 수 있다. 어깨 돌리기와 팔 뻗기는 목 근육 부분의 긴장을 이완할 수 있다.
- 새로운 정보를 처리하거나 리뷰할 때 운동 전략을 활용하라(아래 내용과 Brain Gym International의 www.braingym.org 참조).

동작을 통한 개선

학습하는 동안 이리저리 자주 움직일 수 있는 기회를 제공하면, 모든 학생의 일반 건강을 증진하고 특히 운동감각 학습자들이 좋아한다. 일리노이 대학교에서 진행된 최근의 두 연구는 규칙적인 동작이 학생들 두뇌에 있는 기저핵(basal ganglia)과

해마(hippocampi)의 부피를 실제로 증가시킨 것으로 보고하였다(Reynolds, 2010). 기저핵과 해마 영역은 주의집중과 복잡한 기억 그리고 실행 기능과 관련되어 있다. 동작을 촉진하기 위해 교사들이 활용할 수 있는 전략은 다음과 같다.

- 학생들이 새로운 학습을 리뷰하거나 토론할 때 파트너와 걸으며 이야기할 수 있는 방법을 세심하게 조직하라.
- 손으로 하는 자이브(jives)나 제스처(gestures)를 고안하여 학생들이 정보의 핵심이나 패턴을 쉽게 기억할 수 있게 도와주라.
- 학생들이 사칙연산이나 스펠링을 연습할 때 줄넘기와 공치기, 훌라후프 등을 하도록 하고 이를 통해 기억이 개선되는지 물어보라.

시스템과 패턴

1장에서 기술한 것처럼, 두뇌가 스키마의 네트워크를 구축할 때 새로운 상황에서 유사한 패턴을 발견하면 더 빨리 인식할 수 있다. 두뇌는 환경 속에서 지속적으로 패턴을 찾아 새로운 정보를 기존 네트워크에 저장된 정보와 연결한다. 신경학자이자 교사인 Judy Willis(2009)는 "두뇌는 패턴을 인식하고 패턴을 산출하도록 설계되었다. 두뇌는 인식 가능한 패턴을 가지고 있지 않거나 인식 가능한 패턴에 적합하지 않은 정보를 학습하거나 집중하는 데 저항한다."(p. 110)라고 진술하였다. 교실 내에서 일관성 있는 유사 패턴과 조직 시스템은 행동을 개선하고 독립심을 고취할 수 있다. 학생들이 다음에 어떤 일이 일어나고, 어떤 행동을 기대하는지 모를 경우, 예기 불안(anticipatory anxiety)을 경험할 수 있다. 학급의 주요 과제를 강조하는 일일 일정을 게시해 두면, 학생들이 계획을 짜고 개인적 목표를 설정하도록 도울 수 있다. 교실 활동의 모든 측면에 대해 명료한 절차를 설계해 주면, 학생들이 언제 어떤 일이 진행될지를 걱정하지 않고 학습에 집중하게 할 수 있다(Willis, 2008).

일일 일정

일일 일정을 게시하여 학생들이 교실에 들어올 때 그날의 계획이 무엇인지를 한눈에 알 수 있게 하라. 구체적인 예는 [그림 2-1]을 참조하라. 일정 게시는 간략하게 하고, 학생들이 학급 일정의 시작과 중간 그리고 끝 부분에 무엇을 하게 될지를 정확히 알 수 있도록 충분한 정보와 컬러풀한 시각 자료를 활용하라. 학생들에게 어떤 자료를 가지게 될지를 상기시키라. 중학생과 고등학생들에게는 하루 일과 동안 필요한 좌석 배치를 그래픽이나 사진으로 제공하라. 이전에 부과한 숙제를 게시하는 것도 좋은 방안이다.

화이트보드나 차트에 작성한 마인드맵도 그날의 일정을 가장 쉽게 제시하는 방안이 될 수 있다. 키워드와 간단한 그래픽 또는 사진을 활용하라. 그리고 일이 진행되는 순서를 표시하라. 다음과 같이 테크놀로지를 활용하여 일일 일정을 강조하라.

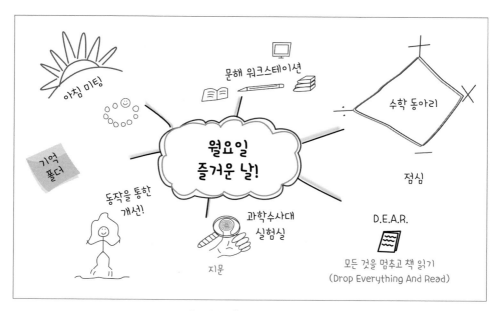

[그림 2-1] 일일 일정의 예

4월 4일
오늘의 역사

1968-인권 운동가 Martin Luther King Jr 박사가 테네시주 멤피스에서
암살

1928-시인이자 저자 Maya Angelou가 미주리주 세인트루이스에서
출생

오늘 필요한 자료

학급의 핵심 일정

어제 배운 『로미오와 줄리엣』의 플롯 전개를 공부 친구와 복습하기

↓

로미오와 줄리엣 문학 서클 만나기: 60쪽부터 크게 읽기

↓ 개별적으로

유명한 발코니 장면을 랩이나 속어로 다시 쓰기

시작 시점

『로미오와 줄리엣』 공부 친구와 만나 어제의 플롯 전개 복습하기

10분 후에 자신이 원하는 『로미오와 줄리엣』 문학 서클에 가입하기

[그림 2-2] 일정의 예, 슬라이드 쇼

- SMART 노트북 소프트웨어를 활용하여 견본을 고안하고 상호작용 화이트보드에 일정을 투사하라. 일정을 PDF 문서로 저장하거나 학급 웹 페이지에 게시할 수 있다.
- 데이터 프로젝터를 활용할 수 있으면, 그날의 과제와 좌석 배치 또는 집단 변화와 필요한 자료를 보여 주는 슬라이드 쇼를 고안하라([그림 2-2] 참조).
- 각 교실에서 OHP에 사용할 수 있도록 견본 일정을 제시하라. 수성 잉크 펜으로 그날의 세부 사항을 기록해서 이용할 수 있게 하라.

절차의 힘

맞춤형 수업을 실행할 때 학급 관리 기능이 성공의 열쇠가 될 수 있다. 모든 학생에게 동일한 활동을 배정하여 과제에 집중하도록 애쓰는 교사들은 집단 재편성이나 대안적인 과제를 배정하는 맞춤형 수업을 시도하는 데 주저할 수 있다. 모든 활동과 과제에 대한 교실의 루틴과 패턴을 설정해 두면 학생들에게 질서정연한 체제를 제공해 준다. 두뇌는 패턴을 찾는 기계이다! 일련의 관련된 상식적인 단계들을 제시하고 패턴을 연습할 수 있는 기회를 제공하면, 두뇌는 이를 하나의 프로그램으로 저장할 수 있다. 교실에서 매일 진행되는 주요 과제와 활동을 하는 동안 학생들에게 기대하는 행동들을 확인하라. 각각에 대한 일련의 절차를 설계하라. 단계를 설정하고 학생들이 루틴으로 정착시킬 때까지 절차를 연습하게 하라. 명확한 절차를 요구하는 공통 과제는 다음과 같다. 등·하교, 자료 받기, 자료 제출, 도움 받기, 발표 도중 행동, 소집단 활동, 종료 시 해야 할 것, 청소.

잘 설계된 교실 절차는 다음과 같은 점들을 강조한다.

- 학생들이 누구와 함께 활동하는가
- 학생들이 어디서 활동하는가
- 어떤 행동들이 수용 가능한가(대화 정도, 일어서기, 앉기 등)

- 학생들이 어떤 자료를 활용할 수 있는가
- 활동이 언제 이루어지는가(적합한 시간이나 기간)

등교 절차와 관련된 샘플은 다음과 같다.

- 코트를 단정하게 건다.
- 다정한 얼굴로 서로 만나 인사한다.
- 숙제를 제출한다.
- 일일 일정을 체크한다.

루틴과 의식

예측 가능한 루틴(routines)은 안전하고 안정된 느낌을 제공해 준다. 특히 학생들이 스트레스를 받고 있을 때, 예측 가능한 루틴은 편안한 느낌을 줄 수 있다. 어떤 루틴은 매우 유의미할 수 있다. 아침 조회와 주간 회의 그리고 월간 표창 의식은 학생들이 무엇이 중요한지를 알게 하고 공유된 신념을 강화하고 소속감을 형성하는 데 도움을 준다. 예측 가능한 루틴과 규칙적인 의식(rituals) 또는 기념행사를 통합할 때, 다음과 같은 점들을 고려하라.

- 초등학교 교실에서는 하루 일과를 시작할 때—아침 조회, 서클 타임(circle time,이야기 나누기 활동), 국기에 대한 맹세와 같은—일일 의식을 진행할 수 있다. 생일날은 축하 글과 노래 그리고 특별한 혜택을 제공할 수 있다.
- 금요일 미팅은 한 주간의 활동에 대한 인정과 평가 그리고 반성의 시간으로 활용할 수 있다.
- 최근 공부한 단원의 마무리와 학습한 내용에 대한 축하, 새로운 기능의 시연 그리고 결과와 수행을 공유하기 위해 단원 종결 활동과 학습 축하 의식을 마련할 수도 있다.

도와주세요! 난 누군가의 도움이 필요해요!

　맞춤형 교실에서는 학생들이 센터나 소집단에서 자력으로 활동하면서, 필요할 때 어떻게 도움을 요청해야 하는지에 대한 명확한 절차를 제공해 주어야 한다([그림 2-3] 참조). 두뇌 친화적 교실을 조직하는 것은 학생들이 자력으로 도움을 찾을 수 있는 절차를 고안하는 것도 포함된다. 학생들은 어떻게 도움을 구할 수 있는지를 알게 되면 자율의식을 갖게 된다. 다음과 같은 아이디어를 활용하여 학생들이 즉각적인 도움을 요청할 수 있는 방안을 고안하라.

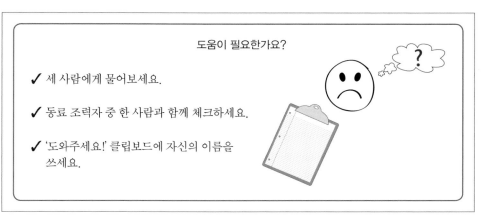

[그림 2-3] 도움을 얻기 위한 절차

- 학생들이 다른 학생들에게 도움을 요청하도록 하고, '세 사람에게 도움 요청하기' 규칙을 명확하게 설정하라(물론 대부분의 시험 상황에서는 이러한 규칙을 적용하지 않는다). 이러한 규칙은 학생들이 교사나 다른 성인에게 도움을 요청하기 전에—필요하다면 학생들 중 세 명에게—조력자를 찾도록 유도한다. 일관성을 유지하라. 학생이 교사에게 도움을 요청하면, 사전에 다른 학생들에게 먼저 도움을 요청하였는지 확인하라. 만약 그렇지 않았다면, 다른 학생들에게 먼저 도움을 구하도록 하라.

- 센터나 집단 테이블 또는 실험 스테이션에 컬러로 된 3개의 플라스틱 컵을 제공하라. 녹색 컵은 모든 일이 순탄하게 잘 진행되고 있음을 의미한다. 노란색 컵은 약간의 문제가 발생하여 교사가 곧 점검해 주기를 바라고 있음을 의미한다. 빨간색 컵은 교사에게 이 집단이 장애를 겪고 있어 즉시 도움이 필요하다는 것을 알려 준다.
- 빨간색과 녹색 스티커 노트를 함께 붙이거나 빨간색과 녹색 종이를 같이 붙인 반응 카드를 활용할 수도 있다. 질문이 있을 때, 학생들은 자신들이 가진 반응 카드를 높이 들게 한다. 교사는 어떤 학생들이 도움을 필요로 하는지 한눈에 알 수 있다.
- 초등학교 교실에서는 집게로 학생의 이름표를 부착해 둔다. 교실 앞에 "질문이 있어요!"라고 적힌 작은 깃발을 준비하라. 학생들이 도움이 필요할 때 자신의 이름표를 그 깃발에 놓아둘 수 있다.

다 했어요, 이제 무엇을 할까요?

다양한 학습자가 모여 있는 교실에서 수업전략을 실행할 때, 분명히 일부 학생은 다른 학생들보다 먼저 끝마칠 수 있다. 때로는 학생들이 스테이션이나 컴퓨터에서 자신의 차례를 기다려야 한다. 이때 어떻게 행동해야 할지 하는 문제가 발생할 수 있다. 활동을 다 마쳤거나 기다리는 학생들을 위해 무엇을 해야 할지 알려 주는 절차를 고안하라.

만약 학생이 활동을 다 마쳤거나 기다리고 있으면, 다음과 같은 활동을 하게 할 수 있다.

- 끝마친 활동과 관련된 활동을 하게 하라(5장 참조).
- 일정을 점검하여 다음 활동을 준비하게 하라.
- 다음으로 넘어갈 때까지 혼자서 조용히 활동하게 하라.

스트레스 관리

약간의 스트레스와 부담이 실제로 주의집중과 학습을 촉진할 수 있는 것으로 알려져 있다. 그러나 실제든 상상이든 일상생활에서 스트레스를 경험하고 있는 학생들은 어떤가? 학교에서 발생한 스트레스가 아닐 수도 있다. 많은 학생이 가정에서 일어난 일을 걱정하며 학교에 온다. 취업과 경제적 요인, 가족 역동성(family dynamics) 그리고 건강 문제 모두가 학생들에게 스트레스를 유발하는 데 영향을 미칠 수 있다(Ratey, 2008). 학생들이 위협을 인지하거나 스트레스를 경험할 때, 두뇌는 반사적으로 반응한다. 심각한 스트레스 또는 장기간의 스트레스는 자연적인 학습을 방해할 수 있다.

> 스트레스를 받은 사람들은 수학 문제를 잘 풀지 못할 뿐만 아니라 언어를 효율적으로 잘 처리하지 못한다. 또한 짧은 정보와 긴 정보 모두 잘 기억하지 못한다. 스트레스를 받은 사람들은 오래된 정보를 새로운 시나리오에 일반화하거나 조절하지 못한다. 스트레스를 받은 사람들은 주의를 집중할 수 없다. 만성적인 스트레스는 검증 가능한 거의 모든 방면에서 우리의 학습 능력을 방해한다(Medina, 2008, p. 178).

교사들은 학생들이 대처 전략(coping strategy)을 학습하도록 도와주고 스트레스 완화에 도움이 되는 환경을 고안할 수 있다.

환영합니다

교실 장식에 몇 가지만 추가해도 학생들이 더 편안하고 덜 불안하게 느끼도록 도와줄 수 있다. 교실이 갖고 있는 제도적 측면을 부드럽게 하기 위해 자기 집과 같은 편안한 분위기를 조성하는 것을 고려해 보라. 그러나 귀중품이나 깨지기 쉬운 것 또는 학생들이 좋아하지 않는 것들은 전시하지 말라. 다음과 같이 학생들이 관심을 가질 수 있는 간단하면서도 재미있는 아이템을 추가할 수 있는 몇 가지 제안을 고려하라.

- 교실 문 앞에 환영의 글이 새겨진 비싸지 않은 도어 매트를 놓아두라.
- 교실 문이나 교사의 책상 옆에 살아 있는 식물을 놓아두거나, 조그만 화병에 신선한 꽃을 꽂아 두라.
- 교사의 가족 사진이나 반려동물 사진, 좋아하는 스포츠 사진, 좋아하는 휴가지 엽서, 학생들과 비슷한 시기의 학창 시절 사진 등과 같이 교사 자신을 대변하는 몇 가지 아이템을 전시하는 방법을 고안하라.
- 아트 프린트(art print)와 조각, 조개껍질, 솔방울 또는 정동석(geode)[1]과 같은 예쁜 물건들을 정기적으로 전시할 수 있는 공간을 마련하라.

감정 온도 읽기

학생들이 매일 자신의 기분이 어떠한지에 대해 성찰하게 되면, 개인적인 반성 기능을 형성할 수 있다. 학생들이 모두 모였을 때, 자신의 에너지 수준과 정서적 상태 그리고 신체적 건강을 평가하면서 자신의 신체 내부를 재빨리 들여다보게 하라. 이러한 정보를 자신이 속한 집단이나 학급 전체에 공유하게 하라. 특히 힘든 하루를 보내고 있는 학생들이 있는지 물어보라.

다음과 같이 그래픽 차트나 손동작을 활용하여 자신의 생각을 더 재미있게 표현하도록 하라.

- [그림 2-4]와 같이 다양한 감정 상태를 묘사한 간단한 얼굴 표정 만화를 활용하

---

1) 역자 주: 겉모습은 별로 볼품이 없지만 속이 아름다운 돌이다. 정동석(geode)은 주로 퇴적암 속의 구멍 주위에서 형성된다. 자라면서 생긴 표면의 틈 사이로 스며든 광물질이 함유된 수분이 침전되어 생성된 결정체가 바로 자수정이다.

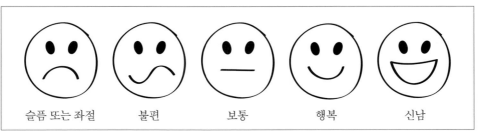

| 슬픔 또는 좌절 | 불편 | 보통 | 행복 | 신남 |

[그림 2-4] 지금 당신의 기분은 어떠한가?

여) 다섯 가지 이모티콘(emoticon)을 제시한 다음, 학생들에게 자신의 기분을 평가하여 자신의 감정 상태와 가장 일치하는 얼굴 표정을 손가락으로 가리키게 하라.

• 학생들이 손가락을 하나부터 다섯까지 들어 올려 자신의 기분을 1부터 5까지 척도로 표현하게 할 수 있다.

• 고학년 학생들에게는 간단하게 엄지손가락을 위로 하거나 아래로 하여 자신의 일반 정서와 에너지 상태를 표현하게 하라.

휴식 공간

학생들에게 자신이 언제 혼란을 겪고 언제 스트레스를 받는지를 잘 살피도록 하면 중요한 대처 기능을 학습하는 데 도움이 된다. 잘못된 행동에 대해 어떤 결과가 초래될 것인가에 초점을 두기보다는 학생들이 너무 당황하기 전에—스스로—자신을 진정시킬 수 있는 방안을 제시하라. 학생들을 위해 다음과 같은 휴식 공간을 고안하라.

• 학생들이 교실 안에서 아무런 질문도 받지 않고 5분간 휴식할 수 있는 공간을 마련하라. 이 공간에 [흔들의자나 빈 백(bean bag),[2] 쿠션을 장착한 사무용 의자와 같은] 특별한 의자를 마련하여 지나치게 나서는 학생들을 진정시키기 위하여

몇 분 동안 따로 있게 하라.

- 이완과 진정을 위해 다음과 같은 시각 보조 자료를 제공하라. 라바 램프(lava lamp),[3] 아름다운 사진을 제시하는 전자 액자(electronic photo frame), 예쁜 조개 껍질 또는 정동석
- 명료한 사용 절차와 함께, 스트레스 볼이나 잘 휘어지는 인형, 휘어지는 장난감과 같은 피젯 토이(fidget toy)[4]를 제공하라.

운동

앞서 언급한 것처럼, 운동은 천연 엔도르핀을 방출하여 두뇌가 진정하는 데 도움을 준다. 또한 코르티솔과 아드레날린 수준을 낮추어 주기 때문에 스트레스를 완화해 준다. 학생들은 좌절했을 때 활력 있는 활동을 통해 도움을 얻을 수 있다. 개별적으로 수행하거나 학급 전체가 참여할 수도 있다. 학생들이 일어서서 이리저리 움직이도록 하는 간단한 아이디어는 다음과 같다.

- 빨리 교무실에 가서 메시지를 전하도록 하는 과업을 고안하라.
- 의자나 책 또는 테이블 옮기기와 같이 약간의 활동을 요하는 과제를 수행하게 하라.
- 학급 전체가 스트레스와 불안을 겪고 있을 때에는 기꺼이 가라사대와 같은 빠르게 진행되는 게임을 활용하라.

---

2) 역자 주: 콩 주머니 모양의 커다란 부대 같은 천 안에 작은 플라스틱 조각들을 채워 의자처럼 쓰는 것.
3) 역자 주: 유색 액체가 들어 있는 장식용 전기 램프.
4) 역자 주: 정서 불안이나 스트레스를 해소하기 위해 만지작거릴 수 있는 장난감.

사회적 관계

인간은 사회적 동물이다. 따라서 인간에게는 소속감에 대한 요구가 강한 내적 동인으로 작용하고 있다. 제도적 교육 환경이 마련되기 전 수천 년 동안, 동료와 멘토 그리고 성인들의 모방을 통해 학습이 이루어졌다. 거울 뉴런을 포함한 최근의 두뇌 연구는 다른 사람들이 과제를 수행하는 것을 관찰할 때 두뇌가 어떻게 활성화되어 정보처리를 시작하는지 이해할 수 있도록 도와주고 있다. 학습자들은 집단 구성원이 활동을 수행하는 것을 관찰하면 시행착오를 많이 겪지 않을 수 있다. 사실, 우리는 다른 사람들의 실수를 통해 학습할 수 있다.

집단 활동에서 성공하기 위해서는 몇 가지 기본적인 사회적 기능을 학습해야 한다. 집단 활동에서 성공하기 위한 세 가지 핵심 기능은 방해하지 않고 경청하기와 차례 지키기 그리고 공유하기이다. 집단 상황에서의 다양한 경험은 학생들이 이러한 핵심 생활 기능을 학습하도록 도와줄 수 있다(Rabin, 2010).

소속감

한 집단의 학생들이 동일한 교사에게 배정된다고 해서 바로 소속감을 가지게 되는 것은 아니다. 소속감과 동료의식을 개발하는 데는 시간이 걸린다. 의도적인 활동을 통해 학생들이 사적인 수준에서 서로를 더 잘 알 수 있는 기회를 제공할 수 있다. 소속의 결과로 형성되는 느낌은 안정감을 산출하여 두뇌의 학습 능력을 증진한다. 다음과 같은 다양한 전략을 활용하여 지속적으로 소속감을 형성하게 하라.

- 학년 초에 '사람 찾기' 활동을 고안하여 학생들이 서로 독특한 특성을 발견할 수 있도록 하라.
- 학생들이 좋아하는 음식과 음악, 영화와 같은 자신이 선호하는 것을 시연하게

하는 '방방곡곡(four corners)' 전략을 자주 활용하라(구체적인 내용은 5장 참조).
- 모든 학생이 참여하도록 하는 소집단 활동을 조직하라. 수수께끼나 문제 해결을 요구하는 과제는 학생들이 함께 활동하며 시행과 성공을 경험하게 한다.
- 학생들이 매일 자신의 기분이 어떤지를 발견할 수 있도록 자신이 속한 집단의 구성원들과 매일 점검하게 하라. 다른 학생들도 자신과 같은 불안과 흥분을 경험한다는 것을 알게 되면 소속감을 형성할 수 있다.

부족

Jeanne Gibbs가 맨 처음 개발한 부족 모형(Tribes model)은 학생이 속한 집단, 나아가 학급 전체 학생들 사이의 소속감 형성에 도움을 주는 훌륭한 도구이다. 부족 학습 공동체(Tribes Learning Communities: TLCs)는 학생들이 소속감과 환영받는 느낌을 가지게 하고 서로의 차이에 대한 존중심을 형성하여 학생들 간의 긍정적인 상호작용을 촉진한다. 부족 웹사이트(http://tribes.com)에는 다음과 같이 기술되어 있다.

> 부족은 구체적인 학습목표를 성취하기 위한 단계별 과정이다.
> 부족 활동에서는 다음과 같은 네 가지에 대한 합의를 존중한다.
>
> −주의 깊게 듣기
> −인정, 무시하지 않기
> −상호 존중
> −통과할 권리
>
> 학생들은 장기간 집단(부족)에서 함께 잘 활동하기 위해 일련의 협력 기능을 학습한다.
> 협력 기능은 다음과 같은 방법에 초점을 둔다.

　　－과제 수행 활동 서로 돕기

　　－목표 설정 및 문제 해결

　　－진행 상황 점검과 평가

　　－성취 축하

학생들은 기초 집단인 소규모 가족 집단에 배정된다. 이 부족이 도움이나 지원이 필요할 때 서로 의지하고 기댈 수 있는 동료 집단이 된다.

파트너 맺기

다양한 환경에서 여러 명의 파트너와 함께 활동하는 기회는 학생들에게 사회적 기능과 협력 기능을 형성할 수 있게 해 준다. 다양한 학생과 파트너를 맺게 하고 파트너가 된 학생들에게 활동을 배정하여 이를 완수하게 하라. 대화 파트너를 연결하는 방법은 다음과 같다.

- 바로 옆에 앉은 사람은 '팔꿈치' 또는 '어깨' 파트너가 될 수 있다. 팔꿈치 파트너와 자주 대화하게 하라.
- 교사가 '공부 친구'를 배정할 수 있다. 두 학생은 특정 교과나 과제 유형에 좋은 파트너가 되어 정기적으로 함께 활동하게 된다.
- 각 학생이 여러 명과 파트너를 맺게 하는 쉬운 방법은 '시계 파트너' 방식이다. 교사가 미리 몇 명을 '임명'하여 배정해 두면, 학생들이 자신의 파트너를 선택할 수 있다. 같은 파트너와 활동하는 기회를 자주 제공하면 소속감을 갖게 하고 사회적 기능을 형성하게 한다.

시계 파트너

간단한 시계 문자판을 활용하여 학생들이 매 시간 서로 다른 학생의 이름을 적어서 12명의 파트너를 지명하게 하라. 일부는 교사가 임명하고 나머지는 학생들이 선택하게 할 수도 있다. 교사는 "이 다음 학습 시간에는 3시 파트너와 함께 활동하세요."와 같이 다양한 시간을 지정해 줄 수 있다. 학생들은 자신의 임명 스케줄(시계)을 쉽게 참고할 수 있도록 노트에 기록해 두거나 책상 위에 테이프로 붙여 둘 수 있다.

디지털 원주민 환영하기

디지털 원주민을 환영하고 자극하는 환경을 창안하는 것은 다소 도전적인 과제일 수도 있다. 학생들이 교실 밖에 있을 때 무엇을 하고 있는지 살펴보라. 테크놀로지 세계는 우리 모두를 한 주, 7일 동안 하루 24시간 내내 연결해 준다. '스크린 세대(screenagers)'에 속한 많은 사람은 걸어 다니는 대부분의 시간 동안에도 다른 사람들과 사회적으로 연결되어 있다. 이들은 매일 문자를 보내거나 정보를 검색하고 게임을 하거나, 비디오를 시청하고 음악을 듣는 것을 일상생활의 일부로 하고 있다. 이들은 실제로 테크놀로지와 연결되지 않은 삶을 잘 모른다.

이러한 학생들이 학교에 등교하여 수업 시간에 테크놀로지를 활용하지 못하게 하면 많은 학생이 불평을 한다. 네트워크에 접속하지 못하도록 하면 학생들이 지루해할 뿐만 아니라 실제로 불안과 좌절을 유발할 수 있다. 교육자들은 이러한 상황을 감안하여 약간의 융통성을 발휘하여 N세대(net generation) 학습자들이 안정감을 가지고 학습에 적극적으로 참여하도록 해야 한다. 가장 중요한 것은 이들이 존중받을 수 있는 환경을 창출하는 것이다. 21세기 학습자들을 염두에 두고 교실을 어떻게 설계할 것인지를 생각해 보라.

좌석 배치

책상과 테이블과 의자가 협력 활동과 개별 활동을 촉진할 수 있도록 배치되어 있는가? 좌석 배치가 수행 중인 과제에 적합해야 한다. 3~4개 정도의 책상이나 테이블을 유용하게 사용할 수 있도록 배치하고, 이들 각각에 무언가를 붙이거나 스크린에 제시할 수 있도록 하는 계획을 구상하라. 학생들이 필요에 따라 가구를 다양한 구조로 옮기는 것을 연습할 수 있기 때문에, 이동이 반드시 혼란스러운 것은 아니다. 학생들에게 어떤 유형의 과제를 먼저 하게 될 것인지를 알려 주면서 그날의 좌석 배치 계획을 게시하라.

넷 상식으로 유인

영어를 배우는 학습자들을 가르칠 때는 학생들이 교사가 자신들을 잘 이해하고 있다는 것을 확실히 알 수 있도록 문화적으로 존중해 주는 것이 매우 중요하다. 디지털 원주민들과 함께 활동할 때는 우리도 그들과 같이 해야 한다. 디지털 전문용어와 트렌드 그리고 기술공학적 진보에 능숙하지는 않더라도 적어도 상식을 갖추는 것이 교사의 책임이다.

테크놀로지를 언급하거나 테크놀로지 도구를 이용하는 활동으로 학생들의 관심을 끌 수 있는가? 수업 시간에 디지털 학습 기회를 언급하거나 포함하면, 학생들은 자신이 존중받고 있음을 느끼고 다음에 일어날 일에 대해 관심을 갖게 된다. 이는 아침 메시지를 카톡으로 보내는 것만큼이나 간단하다.

학생들이 테크놀로지 전원을 차단당한다는 생각을 하지 않도록 교사가 수업을 시작할 때 테크놀로지를 활용하는 방안을 고안하는 것이 좋다. 학생 반응 클리커나 학생들의 휴대전화를 활용하면, 사전 학습에 대한 질문에 자신의 답을 문자로 보내 빨리 반응할 수 있다. 수업 시작 전에 가르칠 내용과 관련된 YouTube나 TeacherTube 동영상을 찾아서 보여 주라. TV를 이용할 수 있으면 뉴스 이벤트나

날씨 등을 체크하는 것을 고려하라. 기상 채널에서 제공하는 그래픽과 정보는 초등
학교 교실의 아침 서클에도 도움을 줄 수 있다. 고학년 학생들에게는 정확한 정보가
아닐 수도 있는 의심스러운 웹사이트를 제시한 다음, 데이터를 분석하여 정보의 진
실성을 어떻게 판단할 수 있는지 토론하게 하라.

많은 학교에서 학생들이 이용할 수 있는 다양한 테크놀로지 도구를 갖추려고 노
력하고 있다. 그러나 학생들이 이러한 장비를 활용하기 전까지는 조용히 앉아서 강
의를 듣고 과제를 끝마쳐야 한다. 그동안 화이트보드와 실물 화상기 그리고 심지어
랩톱 컴퓨터까지도 한가롭게 대기하고 있다. 여러분의 교실은 21세기 교실에 걸맞
은가? 학생들이 수행하기를 기대하는 학습 유형을 반영한 교실 환경이 갖추어져야
한다. 랩톱 컴퓨터와 아이패드, 카메라, 프로젝터 등과 같은 테크놀로지가 모두 학
습 과정의 일부로 활용될 수 있어야 한다. 디지털 원주민들이 교실에 앉아 있는데
수백 년 전에 설계된 수업을 견뎌 내라며 그들의 두뇌의 동력을 끊게 해서는 안 된
다. 대신에 열정과 기대로 이들의 두뇌에 동력을 가동시켜야 한다.

맞춤형 수업은 두뇌를 염두에 두고 교실 환경을 설계하면 가장 실행하기 쉽다. 물
리적 환경과 사회적 관계, 기본 욕구, 체제와 패턴 그리고 학생들의 스트레스에 주
의를 기울이면, 안전하고 안정감 있는 분위기와 환경을 조성할 수 있다. 두뇌가 인
지된 위협과 사회적 고립 그리고 혼란에 신경을 쓰지 않을 때 학습이 극대화된다.

두뇌 친화적 환경을 설계하는 것은 교육자의 직무에서 가장 중요한 측면 중 하나
가 될 수 있다.

> 뇌영상 촬영 연구들이 매력적인 학습 환경이 보다 빠르고 강력한 뉴런 발달의 원인이
> 될 수 있다는 증거를 점점 더 많이 제공하고 있다.…… 당연히 풍부한 학습 환경을 제공하
> 는 것이 모든 학교의 목적이 되어야 한다. 그러나 연구 결과는 아동과 청소년들을 위한 학
> 교의 경험이 개인의 두뇌 발달과 궁극적인 지능 수준에 중대한 영향을 미칠 수 있다는 것
> 을 의미한다(Sousa & Tomlinson, 2011, p. 33).

21세기의 학습자들은 이전과 다른 요구를 가질 수도 있다는 사실을 명심하라. 그리고 디지털 원주민들을 끌어들일 수 있는 환경을 어떻게 구성할 수 있는지 숙고하라.

요약

물리적 환경   조명과 소음, 공기의 질, 가구 배치 그리고 전반적인 청결 모두가 두뇌가 학습 환경을 어떻게 지각하는지에 영향을 미칠 수 있다.
- 교실 조명 조절: 61쪽
- 배경/주변 소음 최소화: 62쪽
- 잡동사니 정리와 청소: 64쪽

기본 욕구   학생들의 두뇌 기능을 최대화하기 위해서는 배고픔과 갈증, 피로 그리고 움직이고 싶은 욕구 모두에 관심을 기울여야 한다.
- 점심시간−휴식 시간 변경: 66쪽
- 식수대: 66쪽
- 동작을 통한 개선과 에너지 충전: 67쪽

시스템과 패턴   학생들의 스트레스와 불안을 줄이기 위해 일정과 절차, 루틴 그리고 개별 학습을 위한 자력 전략을 준비하여 연습하게 해야 한다.
- 일일 일정 게시: 69쪽
- 명확한 절차 설계: 71쪽
- 도움을 구하는 시스템/활동: 73쪽

스트레스 관리   학생들이 자신의 감정을 관리하고 대처 기능을 개발하면 스트레스 수준을 줄일 수 있다.
- '환영' 분위기를 조성하는 장식: 76쪽
- 감정 온도 읽기와 매일 감정 점검: 76쪽
- 휴식 공간 조성: 77쪽

사회적 관계   학생들 간의 소속감 형성과 사회적 기능 개발 그리고 소규모 기초 집단 형성은 생산적인 학습 분위기를 조성할 수 있다.
- 매일 소속감을 느낄 수 있는 활동 조직: 79쪽
- 기초 집단 구성: 81쪽
- 공부 친구와 소집단 배정: 81쪽

21세기 학습자들을 위한 교실   디지털 학습자들의 두뇌가 어떻게 작동하는지를 배려하는 교실 환경을 설계하면, 학교에서 테크놀로지 전원을 차단당한다는 느낌을 없앨 수 있다.
- 다양한 협력 기회를 제공하는 융통성 있는 좌석 배치 계획 마련: 83쪽
- 학생들의 관심을 끌기 위해 테크놀로지 상식과 도구 활용: 83쪽
- 이용 가능한 테크놀로지 도구를 수업 시간에 자주 활용: 84쪽

CHAPTER **03**

학습자의 참여와 흥미 및 에너지 강화하기

디지털 혁명을 촉진하는 한 가지 원리는 우리의 두뇌가 새롭고 흥미 있고 색다른 경험을 추구한다는 점이다. …… 새롭고 흥미 있는 경험을 추구하고자 하는 본능이 때로는 과도하게 때로는 미묘하게 우리의 행동을 이끌어 간다.

－Gary Small

수업의 가장 어려운 측면 중의 하나는 학생들이 수업에 집중하도록 하여 궁극적으로 과제를 잘 학습할 수 있도록 하여야 한다는 점이다. 교사가 어떤 유형의 자극이 두뇌의 관심을 끄는지를 알게 되면, 학생들의 주의집중 전략을 계획하는 데 도움이 될 수 있다. 인지된 위협(perceived threats)에 반응하는 것과 같이 생존 문제와 직접 관련되지 않을 경우, 우리의 두뇌는 호기심을 유발하는 신기함과 변화에 가장 민감하다. 환경 속에서 새롭고 예기치 않은 감각이 입력되면, 두뇌가 즉각적으로 주의를 집중할 수 있다. 주변 환경의 미세한 변화도 호기심을 유발하여, 두뇌가 새로운 정보를 향해 방향을 전환하게 할 수 있다. 교사가 신기한 상황을 개발하고 다양한 맞춤형 수업전략을 활용하면, 무관심한 학생들을 흥미 있고 에너지가 충만하게 변화시킬 수 있는 가능성을 높일 수 있다!

저명한 교수이자 두뇌 연구 해석자인 Robert Sylwester는 자신의 워크숍에서 교사들에게 자주 "학생들이 주의를 집중하지 않는 것이 아니라 단지 교사에게 관심을 기울이지 않을 뿐이다."라고 이야기하였다.

두 가지 주요 유형의 주의집중이 있다. 목표 중심 주의집중(goal-driven attention)과 자극 중심 주의집중(stimulus-driven attention)이다. 우리의 두뇌는 특히 유의미하고 적합한 목표나 과제에 초점을 둘 때, 많은 내적·외적 주의산만 요인들을 무시하고 감각적 자극을 억제하며 당면한 목표에 완전히 집중할 수 있다. 그러나 초점 주의(focused attention)를 계속 유지하는 데는 한계가 있다. 또한 우리의 두뇌는 새로운 정보를 처리하기 위한 휴식 시간이 필요하다. 초점 주의를 유지할 수 있는 능력은 학습자의 연령에 따라 5분에서 20분 정도 지속될 수 있다. 그러나 자극 중심 주의집중은 생존 문제와 관련된 감각 입력이 탐지될 때 일어난다. 이때 우리의 두뇌는 다른 초점을 포기하고 예상되는 위험이나 위협의 원천에 방향을 집중한다. 다른 자극들도 우리의 주의를 끌 수 있다. 움직임과 색깔, 소리, 맛, 모순된 사건, 유머러스한 상황 그리고 곤혹스러운 상황의 발생도 우리의 호기심을 유발하여 이러한 새로운 자극에 방향을 집중하게 한다.

교육자들은 유머와 신기성, 신비와 도전 그리고 선택과 다양한 테크놀로지를 활용하여 매일매일 손쉽게 이용할 수 있는 도구상자를 개발할 수 있다.

 ## 망상 활성화 시스템-두뇌의 문지기

망상 활성화 시스템(Reticular Activating System: RAS)은 데이터가 우리의 두뇌에 들어올 때 통과하는 첫 번째 여과 장치이다. 망상 활성화 시스템은 척수의 맨 위에서 중간 뇌 영역까지 걸쳐 있다. 외부 세계로부터 유입되는 감각 신호와 내적 사고와 감정이 만나는 매우 복잡한 뉴런 더미이다. 이 시스템은 외부 자원으로부터 정보를 여과하여 한 가지 아이템에 초점을 맞추어 주의를 집중하게 하고 이를 더 고차적인 사고의 뇌로 전송한다. 환경의 변화. 특히 위험이나 위협을 나타내는 변화에 따라 우선순위가 바뀔 수 있다. 위협적인 조건이 없으면, 망상 활성화 시스템이 호기심을 유발하는 변화나 자극에 초점을 둔다. Willis(2010)는 우리에게 다음과 같이 전하고 있다.

> 망상 활성화 시스템은 대문의 열쇠와 같다. 두뇌는 인지된 위협이나 가상의 위협이 길을 막지 않을 경우, 새롭거나 예기치 않은 것, 색깔과 음악, 움직임 그리고 좋은 느낌의 향을 추구한다. 학생들이 무언가에 대해 호기심을 가질 때 그 이유를 찾고자 한다. 이것이 **학생들이 지금 학습하기를 바라고 학습을 해야 할** 정보를 계속 찾도록 동기화한다.

학생들을 적극적으로 참여하게 하는 것은 단순히 주의집중의 변화를 야기하는 것 이상을 요구한다. Harvey Silver와 Matthew Perini(2010)는 '적극적 참여를 위한 여덟 가지 C'를 제안하였다. 학생들이 적극적으로 참여할 때, "학습 활동에 대한 주인의식을 가지게 된다. 학생들의 참여는 과제를 이해하고 완수하기 위한 주의집중과 노력할 준비가 되었음을 보여 준다. 이렇게 되면 학생들이 단순히 지시를 따르는 것이 아니라 수행의 질을 개선하기 위해 적극적으로 활동한다."(Silver & Perini, 2010, p. 323) Sliver와 Perini는 학생들의 적극적 참여를 고취하기 위해 교사들이 사용할 수 있는 여덟 가지 동기유발 요인을 제안하였다. 경쟁(competition), 도전(challenge), 호기심(curiosity), 논쟁(controversy), 선택(choice), 창의성(creativity), 협력(cooperation) 그리고 연계(connections)가 그것이다. 우리는 이러한 동기유발 요인들을 통합하여 학생들의 참여를 촉진하기 위한 다음과 같은 전략을 제안하고자 한다.

- 신기성과 유머
- 미니 도전과 경쟁
- 선행지식 활성화와 호기심 유발
- 선택 기회
- 디지털 유인

신기성과 유머

학생들의 두뇌는 대부분 예상되거나 반복되는 자극이 주어지는 교실에 앉아 있을 경우 흥미를 잃고 내부나 외부로부터 새로운 것을 찾기 시작한다. Sousa(2001)는 "멀티미디어에 기초하여 급속히 변화하는 문화와 계속 빨라지는 삶의 속도로 인한 스트레스"에 순응하여 학생들의 두뇌가 "독특하고 색다른 이른바 신기성(novelty)"에 그 어느 때보다 더 잘 반응한다고 주장하였다(p. 28). (도파민 분비와 만족감을 촉발하는) 두뇌의 보상 센터는 신기성에 대한 주의집중과 관련되어 있는 것으로 알려져 있다. 우리의 두뇌는 무언가 독특하거나 특이하며 흥미롭거나 도전적인 것이 나타나면, 보상에 대한 기대감으로 그것을 탐구하라는 신호를 보낸다. 유머와 웃음 기회는 엔도르핀 분비를 촉진할 수 있다. 유머를 활용하면 긍정적인 교실 분위기를 조성하여, 학생들의 주의를 집중하고 스트레스를 감소시켜 파지를 증진시킨다(Sousa, 2006).

웃음 유도하기

보통 사람들의 두뇌는 웃음을 좋아한다! 사람들이 함께 웃을 때 강력한 공동체 의식이 형성된다. 생리학적으로 웃음은 산소가 공급된 혈액의 두뇌 유입을 증가시켜 혈압을 낮추고, 스트레스를 경감하고, 면역 체계를 강화하여 전신 운동의 효과를 가져올 수 있다! 우리의 두뇌가 무엇을 유머러스한 것으로 생각하는가에 관한 세 가지 전통적인 이론은 다음과 같다(Brain, 2000).

① **불일치(incongruity)**　"논리와 친숙함을 정상적으로 잘 일치하지 않는 것으로 대체할 때, 우리가 한 가지 결과를 기대하고 있는데 무언가 다른 것이 발생할 때, 유머가 생성된다."(Brain, 2000) 과학에서는 이를 불일치 사례라고 부른다.

이러한 유형의 유머는 교실에서 학생들의 참여를 증진하는 데 훌륭한 도구가
될 수 있다.

② **우월성(superiority)**   우리는 "다른 사람들의 실수나 어리석음 또는 불행에 초
점을 둔 조크에 웃게 된다."(Brain, 2000) 이러한 유형의 유머는 교실에서 곤란
한 상황에 처하게 할 수도 있다. 비꼬는 말이나 사람을 바보로 만드는 말 그리
고 터무니없는 말을 포함하고 있어서 소속감을 형성하기보다는 오히려 이탈을
초래할 수 있다.

③ **안도감(relief)**   긴장감이 높을 때, 조크나 재치 있는 코멘트가 마음을 편안하
게 하여 스트레스를 완화해 준다. 교실에서는 이러한 유형의 긴장 완화제를 활
용하는 것이 좋다. 교사가 기회를 재빠르게 활용하지 않으면, 학급의 오락부장
이 주기적으로 선수를 칠 수도 있다.

누군가가 재미있다고 생각하는 것은 보통 경험과 연령에 달려 있으며, 문화적 측
면과 관련되어 있을 수도 있다. 어린 아동들은 신체적 기능과 관련된 것을 재미있다
고 생각하는 반면, 10대들은 성적인 상황과 비꼬는 말 그리고 성인들이 논의 금지라
고 생각하는 주제에 더 잘 웃는 경향이 있다. 보다 성숙한 학생들은 미묘한 상황에서
유머를 발견하고 일상적인 궁지와 곤란한 상황을 공유할 때 잘 웃는다(Brain, 2000).

교실에서 적당한 유머를 활용하여 웃음과 즐거움을 증진할 수 있는 다양한 방법
이 있다. 예를 들어, '하루에 한 가지 농담' 방책으로 시작할 수 있다. 농담은 교사가
제공하거나 희망하는 학생과 함께 할 수도 있다. 교사의 승인하에 학생들에게 농담
을 공유하도록 요청할 수도 있다. 웃음과 관련된 다음과 같은 유용한 웹사이트를 활
용할 수 있다.

- Aha! Jokes, School Jokes for Kids: www.ahajokes.com/school_jokes_for_
  kids.html
- South Salem Elementary, More Classroom Jokes: www.salem.k12.va.us/

south/teacher/lounge/jokes2.htm
- Ducksters–Jokes for Kids: www.ducksters.com/jokesforkids
- Brownielocks–Jokes & Riddles: www.brownielocks.com/jokes.html

go.solution-tree.com/instruction 사이트를 방문하여 이 책에 제시된 웹사이트에 라이브 링크로 연결해 보라.

학생들에게 두 개의 기존 단어를 함께 섞어 재미있는 새로운 의미를 고안하도록 하여 독특한 의미를 지닌 새로운 단어를 창안하게 하라. 예를 들어, UrbanDictionary.com에 따르면, pupkus는 "개가 창문에 코를 댄 후 창문에 남은 물기 자국" 그리고 telecrastination은 "심지어 자신이 전화기와 불과 15cm밖에 떨어져 있지 않을 때조차도 전화를 받기 전에 항상 벨이 적어도 두 번 이상 울리도록 내버려 두는 행위"를 의미한다.

재미있는 모자나 특수 복장 또는 흥미 있는 대상을 가지고 수업을 시작하라. 학생들에게 이러한 소품이 후속 수업과 어떻게 관련되는지 추측하게 하라.

시각 자료의 가치

두뇌에 들어오는 모든 정보의 약 75%가 시각계(visual system)를 통해 도달하는 것으로 추정되고 있다(Geake, 2009). 시각 이미지는 글로 쓰인 텍스트보다 6만 배 더 빨리 처리된다(Burmark, 2002). 시각 자료가 풍부한 교실 환경을 조성하면, 학생들이 이미지를 향해 주의를 집중할 가능성을 높일 수 있다. 이렇게 하는 한 가지 방법은 포토 슬라이드를 활용해서 흥미와 관심을 유발하거나([그림 3-1] 참조), 글을 쓰기 전에 생각을 정리하는 단서로 사용하거나 선정된 토픽이나 문학에 관한 활발한 토론을 촉진하는 것이다. 다음과 같은 웹사이트에서 훌륭한 영상 자료를 찾을 수 있다.

[그림 3-1] 이미지의 예

- Joke-of-the-day.com: www.joke-of-the-day.com/pictures?
- Strange & Unusual Pictures: www.copyright-free-pictures.org.uk/strange-unusual-pictures
- Google Images search engine: www.images.google.com
- Pics4Learning.com: http://pics4learning.com
- WebQuest.org: www.webquest.org/freemedia.php
- Teacher Tap: http://eduscapes.com/tap/topic98.htm

이 그림에서 잘못된 것은?

착시 현상(optical illusions)은 두뇌에 착각을 일으켜([그림 3-2] 참조) 학생들에게 재미있는 활동을 촉진할 수 있다. 미국 국립환경보건과학연구소(National Institute of Environmental Health Sciences) 아동용 홈페이지(http://kids.niehs.nih.gov/illusion/illusions.htm)는 착시 현상에 대한 훌륭한 자원을 제공하고 있다. 착시 현상과 특이

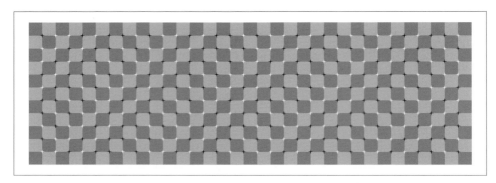

[그림 3-2] 착시 현상의 예

한 그림에 대한 더 많은 정보는 www.sandeepkejriwal.com/illusions.htm을 활용하라.

SMS를 사용할 준비가 되었나요?(R U Ready 4 SMS?)

이 제목처럼, 단어와 스펠링 그리고 줄임말 놀이를 즐기게 하라. SMS(short message service, 단문 메시지 서비스) 텍스트는 "공식적으로 말하거나 글을 쓸 경우, 훨씬 더 많은 단어를 사용해서 아이디어를 전달해야 할 것을 기본적으로 단순화한 약칭"이다(Carvin, 2006). SMS 텍스트를 학교에서 언어로 가르치는 것은 다소 논쟁거리가 될 수 있다. 그러나 학생들이 그렇게 변형하도록 권장하면 재미와 흥미를 불러일으킬 수 있다. SMS 텍스트 메시지는 (트위터 140자, 표준 휴대전화 160자로) 문자 수와 공간이 제한되기 때문에 텍스트 메시지가 현실 세계에서 요약의 훌륭한 예가 된다. 그날의 일정과 과제를 SMS 텍스트 형태로 게시하여 학생들이 더 쉽게 목격하고 주의를 기울일 수 있도록 하라. 학생들에게 SMS 텍스트를 활용하여 문학 구절을 간략히 요약하도록 권장하라.

학생들이 교실에 도착할 때, 워들(Wordle, 단어 구름, www.wordle.net, [그림 3-3] 참조) 슬라이드나 그래픽을 게시하라. 그리고 학생들이 오늘의 주제가 무엇인지 예

[그림 3-3] 워들의 예

상할 수 있는지 살펴보라. 의미군에 속하지 않는 몇 가지 단어를 포함시켜서 학생들이 어떤 단어가 추가되었는지를 빨리 확인할 수 있는지 살펴보라. 워들 무료 웹을 활용하여 텍스트에서 '단어 구름(word clouds)'을 산출한 사례는 [그림 3-3]과 같다.

　　Tagxedo(www.tagxedo.com)는 재치 있는 단어 구름을 창안하기 위해 활용할 수 있는 또 다른 무료 웹 사이트이다. Tagxedo는 책이나 웹 사이트, 편지, 시, 어휘 목록 등에서 나온 단어들을 시각적으로 멋진 '태그 구름(tag cloud)'으로 변환해 준다.

재미있는 비디오

　　학생들은 비디오 매체로 가득 찬 세상에서 살고 있다. 고등학교를 졸업할 때까지 TV 화면 앞에서 보내는 시간이 교실에서 보내는 시간보다 2배 정도 더 많다(Burmark, 2002). 단편 비디오—특히 정말로 웃기거나 놀라운 결말의—는 학생들의 주의를 끄는 훌륭한 유인책이 되어 적극적인 참여를 촉진할 수 있다. 단편 비디오는 학생들이 주제에 빨리 초점을 맞추도록 도와주고 이어질 수업에 대한 정보를 제공해 줄 수 있다. 학생들에게 단편 미스터리 비디오를 보여 주고 어떤 수업이 진행될 것인지에 대해 토론하게 하라. 수업을 시작하기 전에 재미있는 단편 비디오를 활용하여 긴장을 풀고 스트레스를 해소하여 분위기를 밝게 하라. (멀티미디어를 활용하여 학습을 확장하는 방안에 대해서는 5장을 참조하라.)

단편 비디오 활용을 위한 주요 웹 사이트는 다음과 같다.

- 무료 수업 비디오 사이트: www.teachertube.com
- 재미있는 단편 비디오 사이트: www.youtube.com
- 또 다른 재미있는 단편 비디오 관련 사이트: www.funatico.com

미니 도전과 경쟁

Robert J. Marzano와 John L. Brown(2009)은 저서 『수업의 기예를 위한 핸드북(A Handbook for the Art and Craft of Teaching)』에서 학생들의 적극적 참여에 결정적인 다섯 가지 요인을 제안하였다. ① 고에너지, ② 소실된 정보, ③ 자기 체계(개인적인 의미와 관심), ④ 가벼운 압박감, ⑤ 가벼운 논쟁과 경쟁. 이들은 또한 '학생들의 적극적 참여를 촉진하기 위해 게임과 가벼운 경쟁을 활용하는' 아이디어를 제안하였다. Marzano와 Brown(2009)에 따르면, "학생들은 질문과 게임 그리고 경쟁과 같은 활동에 참여하면서 가벼운 압력을 경험할 때, 학습 과정의 핵심 요소에 주의를 집중하는 경향이 있다."(p. 157)

장난스러운 게임과 미니 경쟁도 학생들의 관심을 끄는 훌륭한 방법이다. 그러나 승패 자체가 결정적으로 중요한 것은 아니라는 점을 강조하여야 한다. 게임의 궁극적인 결과가 학생의 성적이나 팀의 점수가 되어서는 안 된다. 학습 활동의 목적은 재미있게 상호작용하는 집단 상황에서 기능과 내용을 리뷰하거나 연습하는 것이다. 승리에 대한 학생들의 선입견을 줄일 수 있는 몇 가지 방안은 다음과 같다.

- 승리한 팀이나 학생에게 먼저 끝나게 하거나, 새 연필이나 통과표를 주거나, 학급 트로피를 책상 위에 두도록 하였다가 새로운 경쟁을 할 때 다시 활용하도록 하는 등과 같은 즉각적인 '가벼운 보상(inconsequential rewards)'을 하라.
- 과제나 정답에 대한 점수를 줄 때 점수를 무작위로 배정하거나 특이하게 배정하라(예: 20억 점 또는 3×107).
- 게임과 경쟁이 재미를 위한 것이라는 사실을 일관성 있게 주장하라. 팀을 다양하게 구성하여 자주 게임을 하게 하고 항상 다시 게임을 할 수 있게 하라. 학생들이 즐거운 시간을 보내며 열심히 공평하게 참여하고 모든 학생이 승리할 수 있도록 하라.

경쟁을 위한 질문이나 도전은 잠시 동안의 게임을 위한 선행 요건으로 하지 말고, 공부한 내용과 기능과 직접 관련된 것으로 하라. 약간의 압력과 경쟁이 많은 학생들에게 다른 학생들과 교감하며 참여하는 데 필요한 에너지를 제공해 준다는 것을 기억하라. 가벼운 마음으로 하는 우호적인 게임은 소속감과 학급의 동료의식을 형성하는 놀라운 도구가 될 수 있다. 다양한 학년 수준에서 유용하게 활용할 수 있는 몇 가지 쉬운 게임과 미니 경쟁은 다음과 같다.

- **달러 단어 놀이**   알파벳의 각 글자에 수치를 부여하라. A=1달러, B=2달러, …… Z=26달러. 각 알파벳에 부여된 수치를 더하여 단어의 수치를 결정하게 하라. 모든 학생에게 각자 자신 이름의 가치를 결정하게 하라. [갑자기, Ben(21달러)을 Benjamim(68달러)으로 불러 보라.] 그리고 난 다음, 학생들이 사전을 활용하여—fountain, swimmer, unless와 같은 단어를 제시하고—달러 단어를 찾는 데 도전하게 하라. 게임을 개별로 하거나 팀으로 할 수도 있다. 영리한 학생들은 단어를 생성하기 위한 기본적인 컴퓨터 프로그램을 설계할 수 있다.

- **60초 게임 도전**   2010년에 NBC가 〈60초 안에 승리하기(Minute to win It)〉라는

신나는 새로운 게임 쇼를 방영하였다. 경쟁자들은 상금을 타기 위해 1분 이내에 일련의 간단한 과제를 완성해야 한다. 거의 생일 파티나 여름 캠프 게임과 같은 형태의 과제로, 대부분의 경쟁자는 교실에서 최소한의 비용과 준비로 충분히 쉽게 마련할 수 있다. 경쟁의 목록과 각각에 대한 규칙은 웹사이트(www. nbc.com/minute-to-win-it)를 참고하라. 몇 가지 사례는 다음과 같다.

- 골프공 쌓기: 3개의 골프공을 60초 이내에 지지대 없이 층층이 쌓고, 3초 동안 그대로 있도록 해야 게임이 종료된다.
- 연필 공중제비 넘기기: 탁구대 표면에 깎지 않은 연필들을 지우개 달린 부분이 같은 방향으로 오도록 두 자루씩 배열한다. 시작을 알리면, 도전자가 첫 번째 두 자루의 연필을 집어 손등에 두고, 공중제비 돌려 두 자루의 연필을 함께 잡는다. 매번 두 자루의 연필을 6번째 세트까지 공중제비 돌려 잡는다. 매번 두 자루의 연필을 다 잡지 못하면 다음 세트로 넘어갈 수 없다. 도전자가 60초 시간 제한 이내에 연속해서 2, 4, 6, 8, 10, 12개의 연필 세트를 모두 잡아야 게임이 종료된다.

- **TV 게임 쇼**　　많은 고전적인 TV 게임 쇼들을 재미있는 교실 경쟁 게임으로 활용할 수 있다. 예를 들어, 고전적인 제퍼디!(Jeopardy!) 게임을 파워포인트 슬라이드로 구성할 수 있다. 일단 샘플이 만들어지면, 새로운 질문(대답)을 삽입하여 게임을 일 년 내내 최신으로 유지할 수 있다. 다양한 웹사이트에서 게임을 무료로 공유할 수 있다(http://be-a-gameshow-host.wikispace.com/PowerPointTempates, http://office.microsoft.com/en-us/templates/quiz-show-TC010176929.aspx, http://facstaff.uww.edu/jonesd/games/index.html). 25,000달러 피라미드, 할리우드 광장, 패스워드 등의 게임도 유용하게 활용할 수 있는 또 다른 게임 쇼 포맷이다.

- **인터넷 검색**　미니 경쟁으로 온라인 검색을 활용하라. 학생 팀들에게 완수해야 할 과제와 시간을 제공하라. 쉽게 활용할 수 있는 포맷은 물건 찾기 게임이다. 발견해야 할(또는 정확하지 않은 것으로 입증된) 다섯 가지 사실 리스트를 만들어 학생들이 인터넷 검색을 통해 자신들의 출처를 인용하도록 하라.

선행지식 활성화와 호기심 유발

　학생들의 적극적 참여를 촉진하는 또 다른 방안은 학습할 내용에 대한 호기심을 유발하는 것이다. 인간은 새로운 것에 관심을 가지는 경향이 있다. 아이들은 특히 호기심이 많다. 발견의 기쁨을 통해 즐거움을 얻을 수 있다.

　해마는 항상 새로운 경험을 이미 알고 있는 것과 비교하는 경향이 있다. (단어, 소리, 이미지 등과 같은) 새로운 정보가 두뇌에 도달할 때, 학습자는 작동기억(working memory)에서 정보를 마음속으로 조직하기 시작한다. 무언가 새롭고 재미있거나 예기치 않은 것이 제시될 때, 학습자는 패턴과 세부 사항 그리고 유사성에 주의를 집중해서 새로운 정보를 선행지식과 연결하려고 노력한다. 신경과학자들은 해마가 새로운 정보를 장기기억(long-term memory)으로 약호화한다고 믿고 있다. "해마는 늘 변화하는 장기기억을 창안하기 위해 빠르게 변화하는 지금 현 시점의 특징을 선행지식과 연결하며 반응한다."(Geake, 2009, pp. 60-61) 새로운 정신적 표상을 이미 알고 있는 것과 연결하는 것은 통합된 학습 과정이 진행되고 있음을 의미한다. 새로운 지식이나 학습된 기능은 자신감과 성취감과 함께 장기기억에 저장된다.

Vygotsky의 사회발달이론

우리가 지금 탐구하고 있는 맞춤형 수업에 관한 많은 측면들은 러시아의 심리학자 Lev Vygotsky(1896~1934)가 제안한 구성주의 학습이론에 기초하고 있다. Vygotsky의 사회발달이론(social development theory)은 다음과 같은 세 가지 주요 구성 요소로 이루어져 있다.

① 사회적 상호작용이 인지 발달 과정에서 중추적인 역할을 한다. 학생들 간의 다중적인 상호작용과 교사의 도움이 이해를 촉진한다.

② 교사나 코치, 유능한 동료 또는 테크놀로지 자원과 같은 '더 많은 지식을 갖춘 타자(More Knowledgeable Other: MKO)'가 학습 과정의 일부로 참여할 때 학습이 증진된다.

③ 문제를 해결하거나 과제를 수행하는 학생의 능력은 자신의 능력이 미치는 범위 내에 있어야 한다. 그리고 더 많은 지식을 갖춘 타자의 도움을 받을 수 있어야 한다. 이를 '근접발달영역(Zone of Proximal Development: ZPD)'이라고 한다. 학생들이 과제가 자신의 능력에 미치지 않거나 자신이 성취할 수 없다고 생각하면, 싫증을 내거나 의욕을 잃게 된다. 학생들이 자신의 현재 능력을 조금 벗어난 과제와 개념 그리고 기능에 도달할 수 있도록 지원하고 격려해 주어야 한다.

ZPD를 결정하기 전에, 반드시 학생들의 선행지식을 평가해야 한다. 학생 각자는 자신의 두뇌를 특별한 패턴으로 연결하는 독특한 경험의 배경을 가지고 있다. 수업 지도자들은 다양한 통합 교실에서 모두에게 적합한 학습 과제를 조직하기 위하여 성, 언어, 인종, 문화, 흥미, 적성 그리고 경험의 차이에 주의를 기울여야 한다. 한 가지 사이즈로 모두에게 맞출 수 없다. 공평한(fair) 것이 항상 평등한(equal) 것을 의미하는 것은 아니다. 파트너와 소집단 활동을 포함한 다양한 맞춤형 수업 전략을 활용하여 학생들이 주어진 과제를 완전 습득했을 때 더 복잡한 자료나 기능으로 넘어갈 수 있다.

신비감이 조성되면, 호기심이 뒤따른다. 교사는 두뇌의 타고난 호기심을 이용하여 학생들이 해결해야 할 문제를 창안하여 매우 흥미 있는 질문을 제기하고 학생들이 검토해야 할 독특한 상황을 제시할 수 있다. 성장 마인드셋을 가지고 활동하는 학생들은 상대적으로 친숙하지 않고 도전적인 과제를 더 잘 추구한다. 또한 잠재적

이익을 산출하며 모험을 즐긴다. 반면, 고정 마인드셋을 가지고 활동하는 학생들은 새로운 과제를 잘 시도하려고 하지 않는다. 대신 실패를 피하기 위해 도전적이지 않은 친숙한 과제를 선택하려는 경향이 있다. 따라서 고정 마인드셋을 가진 학생들은 안전하고 안정된 환경 속에서 더 많이 격려해 주어야 한다. 참신하고 신비스러운 과제를 다양하게 자주 통합하면, 학생들의 흥미를 유발하여 답을 찾고 가능성을 탐구하는 데 도움을 줄 수 있다. 다음과 같은 주목을 끄는 제안 중 하나를 시도해 보라.

- **신비 상자**   신비 상자(Mystery box) 속에 수업 내용과 관련된 무엇 또는 선정된 문학 작품 속에서 발생한 무언가를 표상하는 아이템을 숨겨 두라. 학생들이 '스무고개'와 같은 고전적인 추측 게임을 활용하여 신비 상자 속에 어떤 물건이 숨겨져 있는지를 찾아내게 할 수 있다. 학생들에게 질문을 할 때 '예'와 '아니요' 질문의 합계를 계산하도록 하라.

- **다음에는 무슨 일이 일어날까?**   재미있는 상황을 담은 사진을 제시하고 학생들에게 다음에는 무슨 일이 일어날지를 추측하게 하라. 가능성을 탐구하고 토론하게 하라. (예를 들어, www.ahajokes.com 또는 www.visualjokes.com/Clean/funny-clean-pictures.htm) 온라인에서 멋진 사진을 발견할 수 있다.

- **이것을 믿을 수 있니?**   학생들이 온라인에서 더 많은 탐구를 할 때, 타당성과 정확성을 높이기 위해 사진과 정보를 분석하는 방법을 학습하게 하는 것이 좋다. 학생들이 탐구해야 할 대상은 '북서 태평양에 있는 문어 나무를 보호하라(Save the Pacific Northwest Tree Octopus)' 사이트(http://zapatopi.net/treeoctopus)이다. 고학년 학생들은 '벨기에는 존재하지 않는다(Belgium Doesn't Exist)' 사이트(http://zapatopi.net/belgium)를 탐구할 수도 있다.

선택 기회

1장에서 언급한 것처럼, 모든 학생은 특정 유형의 학습양식과 정보처리 양식에 대한 확실한 선호도를 가지고 있다. 학생들에게 무엇을, 어떻게 학습하고 숙달 여부를 어떻게 시연할지를 선택하도록 하는 것은 적극적 참여를 위한 강력한 동기유발 요인이 될 수 있다. 학생들에게 선택권을 가지도록 하면 즉각적으로 더 잘할 수 있다는 느낌을 가지게 해 준다. 자신의 학습 경험을 스스로 통제할 수 있다는 느낌은 자신감과 권한 강화에 기여한다.

교수·학습에 유용한 Bloom의 교육목표 분류 체계

맞춤형 학습과제를 준비함에 있어서, 지식과 인지 과정의 차원 그리고 교육목표 진술을 위한 분류 체계와 관련된 공통언어를 고찰하는 것이 도움이 될 수 있다. Anderson과 Krathwohl(2001)이 언급한 것처럼, 1956년 이래 Benjamin Bloom의 교육목표 분류학(Taxonomy of Educational Objectives)이 교육자들이 사용하는 일반적인 도구가 되었다. 그때부터 인지적 영역의 고차적인 사고 기능 리스트가 교육과정 개발과 수업설계의 기초가 되었다. 인지적 영역의 분류 체계는 가장 낮은 차원의 능력과 기능인 지식(knowledge)과 이해(comprehension)에서 시작하여 고차적인 사고 수준인 종합(synthesis)과 평가(evaluation)로 확장된다.

Lorin Anderson과 David Krathwohl은 Bloom의 격려에 힘입어 2001년에 원래의 분류 체계를 교육자들에게 보다 유용하도록 업데이트하여 개정하였다. 개정된 분류 체계는 교사들에게 다음과 같은 두 가지 중요한 모델을 제시하고 있다:

① 지식의 차원: 사실적, 개념적, 절차적, 메타인지적(〈표 3-1〉 참조)
② 인지 과정의 분류 체계: 기억하기, 이해하기, 적용하기, 분석하기, 평가하기, 창

〈표 3-1〉 지식의 차원

지식 차원	차원 설명	지식 유형	사례
사실적	학생들이 알아야 할 사실이나 내용, 흔히 '선언적 지식'으로 명명	• 전문용어 • 구체적인 세부항목 • 사실	• 전문 어휘 • 상징 • 공식
개념적	개념을 구성하는 요소들 간의 속성	• 분류 • 유목 • 원리와 일반화 • 이론과 모형, 구조	• 피타고라스 이론 • 수요와 공급의 법칙 • 물의 순환
절차적	정보 또는 기능을 처리하는 방법	• 특정 주제와 관련된 기능과 기법 • 방법 • 적합한 절차를 언제 활용할지에 대한 지식	• 채색 방법 • 과학적 방법 • 프레젠테이션 방법
메타인지적	개인의 인지를 반성하는 지식과 능력에 대한 자각	• 전략적 지식 • 적합한 맥락 • 자기이해	• 주어진 상황에서 어떤 기능이 필요한지 알기 • 자기 자신의 지식 수준 자각

출처: Anderson & Krathwohl (2001).

안하기(〈표 3-2〉 참조)

교사들은 자신이 의도하는 지식의 차원과 인지적 과정의 수준을 결합하여 더 나은 학습목표를 진술할 수 있다. 교육목표의 명료성은 효과적인 수업전략을 설계하고 선정하는 데 필수적이다. 이 책에서 제안한 활동과 전략을 통합하려고 할 때, 먼저 어떤 차원의 지식을 가르치고자 하는지를 고려하라. 학생들이 학습할 내용이나 개념이 사실적이거나 개념적, 절차적 또는 메타인지적인가? 그런 다음, 어떤 인지적 과정(사고 수준)이 목표를 탐구하고 학습하는 데 가장 유익한지를 결정하라. 특히 각 차원과 관련된 과정 동사(process verbs)를 숙지하라.

(사실적 지식 기억하기와 같은) 이들 각 분류 체계의 가장 낮은 차원에 초점을 두는

〈표 3-2〉 인지 과정의 분류 체계

유목	인지 과정	정의	대안적인 동사
기억하기	• 인식하기 • 재생하기	장기기억으로부터 개인의 지식에 접근	• 확인하다 • 인출하다
이해하기	• 해석하기 • 요약하기 • 설명하기	구어나 텍스트 또는 그래픽/상징으로부터 이해와 의미	• 의역하다 • 일반화하다 • 결론짓다 • 예측하다
적용하기	• 실천하기 • 실행하기	지식이나 기능을 활용하는 절차	• 활용하다 • 수행하다
분석하기	• 구별하기 • 조직하기 • 부여하기	구성 요소 검토와 완전한 구조 및 이들 구성 요소들 간의 관계 검토	• 식별하다 • 선정하다 • 구별하다 • 결정하다
평가하기	• 점검하기 • 비평하기	구체적인 준거를 활용하여 판단하기	• 테스트하다 • 판단하다 • 모니터하다 • 탐지하다
창안하기	• 산출하기 • 계획하기 • 생산하기	요소들을 새로운 패턴으로 결합하거나 재배열하여 전체적인 기능적 구조 창안하기	• 가설을 세우다 • 설계하다 • 구성하다 • 발명하다

출처: Anderson & Krathwohl (2001).

과제와 활동은 (절차적 지식과 메타인지 창안하기와 같은) 고차적인 사고 수준에서 활동하는 것만큼 매력적이지 않을 수 있다. 개정된 분류 체계를 활용하여 여러분의 수업 전략을 확장하여 학생들이 더 복잡한 학습에 관심과 흥미를 유발할 수 있도록 하라.

21세기의 노동 인력은 다양한 사고와 정보처리 기능에서 유연성을 필요로 한다. 미래의 직업은 기초를 능가하는 정교한 기능을 요구할 것으로 예상된다. 따라서 고등 사고 능력의 개발과 활용을 강조하는 과제와 프로젝트를 설계하는 것이 이전보다 더 중요하다. Prensky(2010)는 수업에 대하여 명사가 아닌 동사로 말하고 있다. 다시 말해, 실제 내용이나 사실보다는 사고와 행위 그리고 정보처리 기능에 초점을 두고 있다. 학생들은 만약의 경우에 대비해서가 아니라 적시에(just in time) 사용하기 위해 정보를 수집하는 시대에 살고 있다. 이제는 학생들이 예전보다 연구하고 분석하고 문제를 해결하는 방법을 학습하도록 더 많이 도와주어야 한다. 학생들은 중요한 모든 정보를 언제 어디서든지 즉각적으로 활용할 수 있는 시대에 살고 있다.

　　Bloom의 분류 체계와 학습 선호도 그리고 다중지능을 잘 이해하고 활용하면, 학생들의 흥미를 유발하기 위해 제공할 수 있는 선택의 다양성을 증가시킬 수 있다. 재미있으면서도 엄격한 선택 과제를 제공하라. 이런 경우, 선택권을 제공하는 것이 학생들의 적극적 참여, 즉 학생들의 학습 시작을 강화한다.

A 또는 B?

　　두 가지 과제 중에서 선택하도록 하여 수업을 시작하라. 한 활동은 일상적인 과제, 즉 학생들에게 이미 친숙한 과제로 하고, 다른 과제는 무언가 새롭고 덜 친숙한 과제로 하라. 학생들의 적극적 참여를 촉진하기 위해 선택권을 제공할 때, 학생들이 선택하는 활동에 대해 벌칙이나 혜택을 주어서는 안 된다. 선택권은 새로운 자료를 도입하거나 학생들을 유인하는 방법으로 활용해야 한다.

　　예를 들어, 일벌들이 나머지 집단에게 가장 좋은 꽃가루가 어디에 있는지를 전달하기 위해 '8자 춤(waggle dance)'을 어떻게 활용하는가에 대한 수업을 할 때, 다음과 같은 활동 선택권을 활용하라.

A. NOVA Online 'Tales from the Hive: Dances With Bees': www.pbs.org/ wgbh/nova/bees/dances.html(OYO*)을 활용하여 벌의 8자 춤을 조사하는 온라인 웹퀘스트(WebQuest)를 완성하라.

B. 과학 교과서와 Margery Facklam의 Bees Dance and Whales Sing(WWOOS*)

원고를 활용하여 다른 학생들과 벌의 8자 춤을 조사하라. 교사가 안내 질문을 제공한다.

* 학생들이 휴대전화를 이용하여 문자 메시지를 주고받을 때 많이 하는 것처럼 두문자어(acronyms)로 자주 반응한다. 두문자어는 신기성이 있고 두뇌는 이러한 신기성을 좋아한다. 교실에서 사용할 두문자어를 개발하는 것은 절차를 명료히 하는 재미있는 방법이 될 수 있다. OYO(on your own, 혼자 힘으로)나 WWOOS(work with one other student, 다른 학생과 함께 활동하기)와 같은 두문자어를 게시해 두면, 학생들이 이에 친숙해질 수 있다. 이를 통해 다른 상황에서도 두문자어를 창안할 수 있다.

학생들의 관점

각 학생이 다른 역할을 맡게 하는 토론으로 수업을 시작하라. 학생들이 자신이 표현하고자 하는 관점을 선택하게 하라. Edward de Bono의 육색 사고 모자(Six Thinking Hats) 기법은 다양한 관점을 연습하기 위한 강력한 도구이다. 이러한 병렬 사고(parallel thinking) 도구는 참여자들이 주제에 대해 (서로 다른 색깔로 대표되는) 여섯 개의 독특한 관점을 통해 비판적으로 사고하도록 안내해 준다. de Bono 그룹의 웹사이트(www.debonogroup.com/six_thinking_hats.php)에 따르면, 육색 사고 모자 기법은 다음과 같다.

- 흰색 모자는 '객관적 사실, 사실 그 자체'와 같이 알려진 정보나 필요한 정보를 요구한다.
- 노란색 모자는 낙관주의와 밝음을 상징한다. 노란색 모자를 쓰면, 긍정적인 측면을 탐구하고 가치와 혜택을 탐사한다.
- 검은색 모자는 악마의 변호인처럼 열띤 논의가 이루어지도록 일부러 반대 입장을 취

하는 행위나 어떤 것이 왜 작동하지 않는지와 같은 판단을 요구한다. 일이 어디에서 잘못될 수 있는지 어려움과 위험을 발견하라. 검은색 모자는 아마도 가장 강력하고 유용한 모자이지만 과용하면 문제가 야기될 수 있다.

- 빨간색 모자는 느낌과 육감, 직관을 의미한다. 빨간색 모자를 쓰면 자신의 감정과 느낌을 표현하고 두려움과 호, 불호 그리고 사랑과 미움을 공유한다.
- 녹색 모자는 창의성과 가능성, 대안 그리고 새로운 아이디어에 초점을 둔다. 녹색 모자는 새로운 개념과 새로운 지각을 표현할 수 있는 기회를 제공해 준다.
- 파란색 모자는 사고 과정을 관리하는 데 사용된다. 파란색 모자는 육색 사고 모자의 지침이 잘 작용하도록 보장해 주는 통제 기제 역할을 한다.

여섯 명의 학생에게 'FDA(미국 식품의약국)가 유전자 공학을 활용하여 대서양 연어를 정상보다 두 배 빨리 성장하게 하는 방안을 승인할 것을 검토하고 있다고 한다. 이것이 왜 긍정적인 사건이 될 수 있으며, 이것이 왜 잠정적으로 부정적 효과를 미칠 수 있는가?'와 같은 매우 흥미 있는 시나리오나 계획서를 제시하라. 학생 각자에게 서로 다른 색깔의 모자를 하나씩 배정하고, 자신의 모자에 배정된 관점만 논평하게 하는 철저한 토론에 참여하도록 하라.

자신의 과제 선택

많은 학생의 경우, 자신의 탐구 문제와 과제 그리고 임무를 직접 선택하도록 하면 적극적 참여를 촉진할 수 있다. 학생들은 이미 연구를 수행해 왔고 교사가 설계한 탐구 활동을 해 왔기 때문에, 스스로 계획을 세우는 데 필요한 선행 경험을 가지고 있다. Marzano(2007)는 학생들에게 기본적인 이해 수준을 넘어서는 새로운 지식을 실험하고, 가설을 검증하도록 요구하는 과제에 적극 참여하는 기회를 제공해 주어야 한다고 주장하였다.

학생들이 활용할 수 있는 계획서 견본을 창안하라. [그림 3-4]에 사례가 제시되

'자신의 과제 선택'을 위한 학생 계획서

(현재 공부하는 교육과정과 관련하여) 자신이 어떤 특별한 문제나 개념, 결정 또는 실험을 탐구하고 조사하고자 하는지를 진술하라.
(설계하다, 창안하다, 예시하다, 설득하다, 실험하다, 분석하다, 평가하다, 비교하다 등과 같은) 과정 동사로 시작하는 계획서를 작성하라.

- 시간 계획과 과제의 예상 범위를 포함하라. (프로젝트의 범위가 얼마나 큰가? 어느 정도의 시간이 필요한가?)
- 예상되는 성과가 어떠해야 하는지를 기술하라. (계획을 완수했다는 것을 어떻게 알 수 있는가?)
- 알고 있는 것을 어떻게 보여 줄지를 기술하라. (결과물을 산출해야 하는가? 또는 수행을 창출해야 하는가?)

[그림 3-4] 학생 계획서 견본

어 있다. 학생들이 과제 설계에 직접 참여하도록 하면, 동기유발과 적극적 참여를 촉진할 수 있다.

디지털 유인

교실에 있는 다양한 테크놀로지 도구는 학생들의 주의를 끌고 유지하는 데 훌륭한 자원이 될 수 있다. 학생들은 이미 멀티미디어에 친숙하다. 따라서 교육자들이 학생들의 주의를 포착하고 즉각적인 만족감 요구를 충족하는 데 새로운 테크놀로지를 제대로 통합하지 못하면 기회를 놓칠 수 있다. Willis(2006)는 "이제 교육자들과 교육과정 설계자들은 첨단 테크놀로지를 활용하여 시각과 청각을 조작하여, 학생들의 감각을 자극하고 학생들의 주의를 집중하는 데 필요한 피드백을 제공하여 학생들의 마음을 사로잡을 수 있다."(p. 52)라고 주장하였다. 디지털 유인은 다음과 같은 네 가지 범주로 정리할 수 있다.

① **참여**　시각과 청각 그리고 상호작용 가능성을 지닌 테크놀로지를 활용하여 흥미를 유발하고 학생들의 주의를 포착
② **맞춤형 수업**　테크놀로지와 컴퓨터 프로그램을 활용하여 맞춤형 수업을 제공함으로써 시연과 연습 촉진(학생들은 근접발달영역에 유지)
③ **네트워크 형성과 연구**　테크놀로지와 인터넷을 활용하여 학생들이 세계와 상호작용하고 정보에 즉각적으로 접근 가능
④ **평가와 피드백**　테크놀로지와 프로그램을 활용하여 교사와 학생들에게 학습과 흥미 수준에 대해 즉각적인 피드백 제공

오늘날 교실 안에 내재한 가장 큰 불평등은 테크놀로지에의 접근과 활용이 될 수도 있다. 실리콘밸리의 베드타운인 캘리포니아 산타크루즈의 한 지역에서는 펀드를 차용하여 모든 초등학교 교실을 위해 상호작용 화이트보드 스마트 칠판(SMART Boards)을 구입하였다. 다른 지역구에 소속된 인근 중학교의 한 교사는 자기 교실에 학교에서 가장 먼저 스마트 칠판을 도입하기 위해 일 년 넘게 모금을 하고 있다. 교사들은 자신이 맡은 교실의 테크놀로지 자원 확충(그리고 적합한 훈련)을 위한 옹호자가 되어야 한다.

학생 반응 체제

학생 반응 체제(student response system)는 교육자들에게 학생들의—심지어 수줍어하거나 보통 잘 참여하지 않는 학생들에게도—적극적 참여를 유도할 수 있는 능력을 제공해 준다. 그리고 학생들의 성취를 쉽게 평가할 수 있게 해 준다. 학생들은 '클리커(clicker)'라 불리는 소형 원격 장치를 활용하여 자신의 대답과 선택을 교사에게 전달한다. 학급 조사를 위해서는 학생의 반응을 익명으로 할 수도 있고, 현재 공

부하고 있는 과제의 완전 습득을 평가하기 위해서는 실명으로 할 수도 있다. 여러분의 교실에서 학생 반응 체제를 이용할 수 없다면, 다음과 같은 방법으로 수업을 시작하는 방안을 고려해 보라.

- 오늘 기분은 어떤가?
  1. 속상하고 좌절함
  2. 피곤함
  3. 무난함
  4. 상당히 좋음
  5. 매우 좋음

- 숙제에 대하여
  a. 완전히 끝냄
  b. 거의 끝냄
  c. 이제 막 시작
  d. 숙제를 안 함(우리 집 개가 내 숙제를 먹어 버림)

- 현재의 이해 정도는?
  a. 잘 이해하고 있음
  b. 조금 더 연습할 시간이 필요
  c. 잘 모름, 도와주세요!

클리커를 활용할 수 없는 교사들은 학생들의 반응과 의견을 얻기 위한 또 다른 방법을 시도하였다. 학생들이 휴대전화 문자로 대답이나 의견을 보내도록 하라. 학생들의 반응을 (인터넷으로 접속하여) 교사의 파워포인트 화면이나 스마트 칠판에 제시할 수 있다. Poll Everywhere(www.polleverywhere.com)와 같이 교실에서 이러한 과정을 가능하게 해 주는 무료 프로그램들이 있다.

상호작용 화이트보드

상호작용 화이트보드(interactive whiteboards)는 학생들의 적극적 참여를 촉진하는 또 다른 훌륭한 도구이다. 컴퓨터와 연결하여 데스크 톱 화면에 나타나는 것은 무엇이든 화이트보드에 제시할 수 있다. 상호작용 화이트보드는 또한 저장 능력이 있어 전체 수업을 기록하여 게시할 수 있다. 학생들이 소프트웨어를 활용하여 화면의 정보를 터치하거나 드래그하여 상호작용할 수 있다. 칠판 활용이 이렇게 흥미로운 적이 없었다! (더 많은 정보는 www.prometheanworld.com 또는 http://smarttech.com을 방문하라.)

현장 연계와 시뮬레이션

학생들의 주의를 끌고 적극적 참여를 유도하는 또 다른 방법은 기존의 테크놀로지와 교실 인터넷을 연결하여 탐구 분야의 인사들과 의사소통하는 것이다. 지역의 대학교와 실험실이 좋은 출발점이다. 몇 가지 자원을 소개하면 다음과 같다.

- NASA Quest는 온라인 상호작용 탐구를 통해 과학적 과정을 제공해 준다 (http://quest.nasa.gov).
- 델라웨어 대학교 해양 과학자들은 On-Line Expeditions를 통해 최신의 연구 탐험을 학생들과 소통하고 있다(www.ceoe.udel.edu/expeditions/index.html).
- 에듀토피아는 가상 현장 학습을 통해 온라인 모험을 제공하고 있다(www.edutopia.org/virtual-field-trips).
- 학생들은 '녹색 환경 보호 활동(green deeds)'에 참가하고 이를 매일 온라인에 게시하여 '에코 영웅'이 될 수 있다(http://echoheroes.me). 학생들이 다른 사람

들의 노력을 따를 수도 있고, 다른 사람들이 자신의 노력을 추종하게 할 수도 있다.

휴대용 소형 기기

디지털 개인 정보 단말기(Personal Digital Assistants: PDAs)와 스마트폰, GPS 장치, 그리고 아이팟(iPod)과 아이패드(iPad)가 21세기 교실에 유입되고 있다. 처음에는 주로 교사들이 자료 수집과 학생 프로파일 개발 그리고 기록 관리를 위해 휴대용 컴퓨터를 이용하였다. 무선 접속 테크놀로지가 발전함에 따라, 이제는 학생들이 디지털 카메라와 멀티미디어 장치 그리고 스마트폰 등과 같은 휴대용 기기들을 다양한 수업 활동에 활용할 수 있다. MIT의 Eric Klopfer(2008) 교수는 그의 저서『증강 학습(Augmented Learning)』에서 모바일 학습 게임과 휴대용 소형 기기들이 구성주의 학습에 실질적으로 접근할 수 있는 많은 요소와 21세기에 요구되는 기능을 지원하고 있다고 진술하였다.

- 의사소통 기능 구축과 사회적 연계 촉진
- 실제적이고 유의미한 상황과 맥락 창출
- 학습자들을 방대한 지역의 실세계와 연결
- 해결안을 위한 다중 경로와 개방된 상황 제공
- 모든 연령과 배경의 학습자들의 참여와 내재적 동기유발
- 학습자에게 즉각적인 피드백 제공

많은 교육자가 교실에서 다양한 방법으로 휴대용 소형 기기를 활용하는 방안을 창안하고 있다. 일부 학교는 모바일 아이패드 교실 카트를 제공할 수 있는 반면, 일부 교사는 여섯 개의 모바일 장치를 활용하여 학생들이 팀으로 과제를 수행하도록 하고 있다.

학생들의 타고난 호기심을 자극하기 위한 다양한 스캐폴딩 방법으로 신기성과 유머, 시청각 자료, 미니 도전 그리고 새로운 테크놀로지를 활용할 수 있다. 하지만 교사들은 모든 학습자를 유인하여 학습에 전념하게 할 수 있는 실제적인 방법을 찾아야 한다.

단언컨대, 교실 교사의 가장 중요한 고려 사항 중의 하나는 학생들이 적극적으로 참여하게 하는 것이다. 학생들을 즐겁게 하는 것이 교사 본연의 직무는 아닐지 모르지만, 학생들을 적극적 참여시키는 것은 모든 교사의 본연의 직무이다(Marzano, 2007, p. 98).

요약

신기성과 유머　환경 속에서 새롭고 예기치 않은 감각이 입력되면, 두뇌는 즉각적으로 주의를 집중한다. 교실에서 신기한 상황을 조성하면 학생들의 적극적 참여 가능성을 높일 수 있다. 유머의 활용은 긍정적인 학급 분위기를 창출하여 학생들의 주의집중을 유발하고, 스트레스를 경감하며 파지를 촉진한다.
- 웃음 유도하기: 90쪽
- 시각 자료의 가치: 92쪽
- SMS(short message service: 단문 메시지 서비스): 94쪽
- 재미있는 비디오: 95쪽

미니 도전과 경쟁　학생들은 게임이나 경쟁과 같은 즐거운 활동에 참여하는 동안 약간의 부담감을 느낄 때, 학습 과정에 주의를 집중하는 경향이 있다. 장난스러운 게임과 미니 경쟁을 창안하는 것은 학생들의 관심을 유도하는 훌륭한 방법이다.
- 가벼운 보상: 97쪽
- 60초 게임 도전: 97쪽

- TV 게임 쇼: 98쪽

선행지식 활성화와 호기심 유발   학생들의 선행지식에 대한 연결고리를 창출하면, 새로운 학습을 촉진하고 새로운 기억을 형성하는 데 도움을 줄 수 있다.
- 신비 상자: 101쪽
- 개정된 Bloom의 고등 사고 기능: 102쪽
- 선택 기회: 102쪽
- 학생들의 관점: 106쪽

디지털 유인   교실에서 다양한 테크놀로지 장치를 활용하면 학생들의 주의집중과 적극적 참여를 촉진하고 유지하는 훌륭한 자원이 될 수 있다.
- 학생 반응 체제: 109쪽
- 상호작용 화이트보드: 111쪽
- 휴대용 소형 기기: 112쪽

CHAPTER 04

학습 탐구하기

> 학생들의 집중된 정신 상태를 효과적으로 이용하기 위해서는 학습해야 할 정보와 상호작용할 수 있는 기회를 제공해 주어야 한다. 목표는 학생들이 정보를 능동적으로 발견하고 해석하고, 분석, 처리, 연습 그리고 토의하게 하는 것이다. 이러한 활동을 통해 작동기억을 넘어서 실행 기능에 전념하는 전두엽 영역에서 정보를 처리할 수 있다.
>
> —Judy Willis

오감(five senses)은 신체를 안전하게 유지해 준다. 두뇌는 환경을 끊임없이 살피면서 흥미 있거나 새롭고 관련된 것에는 주의를 집중하고, 그 밖의 다른 것들은 무시한다. 앞 장에서 학생들의 흥미와 주의를 포착하여 학습 과정에 적극적으로 참여하도록 하는 방법들을 살펴보았다.

일단 주의가 집중되면, 정보는 단기기억, 즉 작동기억으로 넘어간다. 하지만 단기기억에서의 저장 수명은—아마도 7초에서 20초 사이로(Wolfe, 2001)—그다지 길지 않다. 학습자가 과제에 적극적으로 참여하지 않으면 흥미가 빨리 사라지게 된다. 학생들이 특정 내용이나 기능과 상호작용하여 이를 장기기억에 저장할 수 있도록 교사들은 다양한 시연 과제를 설계해야 한다. 학생들은 이러한 시연 과제를 통해 개념과 기능을 탐구하고 개발하여 오랫동안 기억하게 된다. 다양하게 상호작용을 하면, 많이 사용하는 경로가 더 강력하고 유연하고 효율적이게 된다.

교실은 서로 다른 준비도 수준과 흥미, 학습 프로파일을 가진 다양한 학생으로 가득 차 있다. 따라서 "알겠습니다."라고 하는 순간이 서로 다르다. 어떤 학생들은 80% 정도 숙달하는 데 24번씩이나 연습해야 하는 반면, 다른 학생들은 불과 몇 초 만에 끝낼 수도 있다(Marzano, Pickering, & Pollock, 2001).

기계적 시연과 정교화 시연

기계적 시연과 정교화 시연이라는 두 가지 유형의 시연이 있다. 기계적 시연(rote rehearsal)은 구구단이나 수도 이름과 같이 반복과 연습을 요구하는 과제에 사용되는 기계적 암기 과정이다. 기계적 시연은 기본적으로 연습이다. 기계적 시연은 반복 점화(repetition priming)를 촉진한다. 반복 점화는 반복을 통해 발달되는 기억으로 시간이 지남에 따라 신경 활동 시간이 적게 소요된다(Wig, Grafton, Demos, & Kelley, 2005). 다시 말해, 어떤 것을 반복하면 할수록, 두뇌가 더 쉽게 재생할 수 있다.

반면, 정교화 시연(elaborative rehearsal)은 아이디어를 연결하거나 패턴 발견, 토론, 비교와 같은 다양한 방법으로 정보를 처리한다. 우리는 보통 한 가지 방법으로만 연습하지 않는다. 한 가지 방법으로만 연습하면 금방 싫증이 나기 때문이다. 어떤 것을 더 많은 방법으로 연습하면 할수록, 더 많은 기억 경로가 생성된다. 이러한 연습을 때로는 '능동적 처리(active processing)'라고 부른다. 사회적 상호작용이나 그래픽 조직자의 활용 또는 요약과 노트 필기를 통한 연습은 매력적인 내용이나 개념과 상호작용하는 방법들이다. 이를 통해 다중 시연을 제공해 준다. 정교화 시연 전략을 개발하는 것은 실제로 맞춤형 수업의 핵심이다.

능동적 처리를 위한 최선의 실제

우리가 학생들의 성취를 증진하는 것으로 입증된 전략들을 활용할 수 있어서 참으로 다행이다. 다음에 제시되는 아홉 가지 전략은 1990년대 McREL 실험실에서 연구된 것으로『성공적인 교실 수업(Classroom Instruction That Works)』(Marzano et al., 2001)에 처음 소개되었다. 이러한 최선의 성공 사례들은 두뇌가 어떻게 작용하는가와 보조를 같이하고 있다. 또한 이러한 사례들은 시각, 청각 그리고 촉각/운동감각 학습자들을 존중하는 시연 기회(능동적 처리)와 다양한 다중지능에 적합한 환경을 제공해 준다.

비교하기와 대조하기

개념의 특성이나 속성을 확인하는 것은 중요한 사고 기능이다. 두 가지 개념의 공통점과 차이점을 비교하는 것은 한 단계 더 높은 사고를 요구한다. 교사들은 이러한 과정을 통해 학생들이 개념에 대한 심층적인 이해를 개발하도록 도울 수 있다.

두뇌의 비트(brain bit)　　두뇌는 기존의 정보와 새로운 정보 사이의 패턴과 연결 그리고 관계를 찾는다. 비교하기와 대조하기 전략은 공통점과 차이점을 찾고자 하는 두뇌의 요구를 충족해 준다.

교실 적용　　학생들에게 공통적 속성과 차이점 분석을 통해 내용과 주제를 더 깊이 조사할 수 있는 기회를 제공해 주어야 한다. 유사한 항목이나 아이디어를 묶고 다른 것들과의 차이점을 식별하게 하는 것은 고차적인 사고 기능이다. 교사가 모델을 보여 주고 난 다음, 학생들에게 벤 다이어그램과 교차 분류 차트, 유추 그리고 메타포를 활용하여 새로운 학습과 아이디어를 과거의 학습이나 경험과 연결하게 하라. 이러한 연습은 특정 아이디어의 핵심 속성을 확인하고 기억 과정을 도 와준다.

요약하기와 노트 필기

글이나 그래픽 형식의 노트 필기로 정보를 기록하는 것도 중요한 기능이다. 학생 들이 핵심 정보와 보조 정보를 확인하고 불필요한 내용을 걸러 내게 하는 것은 교사 가 스마트 보드나 OHP 또는 화이트보드에 제시하는 내용을 단순히 복제하는 것보 다 더 중요한 사고 과정이다.

두뇌의 비트   두뇌는 유의미하고 관련된 정보에는 주의를 기울이고 그렇지 않은 정보는 버린다.

교실 적용   노트 필기를 할 때, 중요한 학습 기능은 요점을 뽑고 중요한 요소들 을 재진술하는 것이다. 칠판이나 교과서를 복사하는 것은 사고 과정이 아닌 기계 적인 과정이다. 학생들은 필수적인 정보와 보조적인 정보를 확인할 수 있어야 한 다. 이러한 과제를 성취하기 위해 그래픽 조직자와 참조 체제와 같은 도구를 활용 할 수 있다.

노력 강화하기와 인정 제공하기

학생들은 흔히 (자신이 영리하다고 생각하든 그렇지 않든 간에) 학교에서의 성공을 고정된 지능이나 운의 탓으로 돌린다. 학생들은 흔히 노력을 개인적 성공에 대한 핵 심 공헌 요인으로 인정하지 않는다. 학생들에게 노력이 필요하다는 것을 인식하게 하고 자기반성과 메타인지 방법을 기르도록 하는 교사는 학생들이 자기효능감(self-efficacy)을 개발하도록 도와준다.

두뇌의 비트　유용하고 관련된 피드백을 통해 긍정적인 감정이 축적되면, 두뇌를 만족시켜 기분을 좋게 해 주는 신경전달물질인 도파민의 분비를 촉진한다.

교실 적용　학생들에게 노력이—운이나 심지어 능력보다도—성공을 촉진한다는 것을 학습하도록 해야 한다. 구체적으로, 시의적절한 피드백이 학생들의 자아존중감(self-esteem)과 자신이 잘하고 있는 것과 다음 단계에서 해야 할 것에 대한 지식을 강화할 수 있다. 구체적인 피드백이 없는 성적은 학생들이 진전하는 데 도움을 주지 못한다. 메타인지와 수행과 결과에 대한 반성 그리고 목표 설정은 모두가 학생들이 성공과 노력과 인내 사이의 관계를 인식하도록 도와주는 소중한 과정이다.

숙제와 연습 배당하기

숙제에 관련된 이슈는 종종 교사와 학생, 학부모들에게 논쟁거리가 되고 있다. 숙제는 기능 증진이나 개념 발달 그리고 새로운 학습을 강화하기 위해 부과되어야 한다. 흔히 숙제가 결국 바쁘기만 하고 별로 쓸모는 없는 일로 끝나는 경우가 많다. 교사들은 숙제를 부과하여 수업 시간에 제시한 내용을 확장시킬 수 있다. 예를 들어, 백분율을 공부하는 학생들에게 백분율 감소량에 근거하여 신문에서 정상가보다 싸게 파는 물건들을 찾아 그중 5개 품목의 가격을 계산하도록 요구할 수 있다.

두뇌의 비트　만약 어떤 정보를 사용하지 않으면 잊게 된다. 완벽하게 연습해야 완전해진다. 다중 시연(multiple rehearsal)은 두뇌가 신경 경로를 연결하고 강화할 수 있는 기회를 제공한다.

교실 적용　숙제는 학생들이 단순히 '똑같은 것을 반복하는 것'이 아니라 교실을 넘어서 새롭고 다른 방식으로 연습할 수 있는 기회이다. 학부모들은 학생이 지정된 시간과 장소에서 독립적으로 숙제를 완수할 수 있도록 지원해 주어야 한다. 숙제의 방침과 성과 그리고 피드백을 포함하여 숙제의 목적을 관련된 모든 사람에게 명료하게 소통해야 한다. 숙제는 또한 교사가 학생들의 이해 여부를 점검하여 집단을 다시 편성하거나, 다시 가르치기 또는 맞춤형 수업을 하도록 도와준다.

비언어적 표현 생성하기

문자 언어는 모든 학습자에게 다 적합하지 않을 수도 있다. 정보를 신경망(neural network)에 더 강력하게 각인시키기 위해 많은 학습자가 시각이나 신체적 표현을 필요로 한다.

두뇌의 비트   시각 자극은 90% 정확하게 재생된다(Wolfe, 2001). 촉각과 운동감각 학습자들은 보통 직접 체험과 전신 활동을 더 선호한다. 이와 같이 두뇌의 더 많은 영역—운동감각, 후두부, 측두부 영역—이 관여된다.

교실 적용   교사가 비언어적 표현을 창안할 때 학생들이 다중지능을 활용하는 기회를 제공할 수 있다. 디지털 사진 촬영과 그래픽 디자인, 학생이 설계한 웹사이트는 디지털 원주민들이 자신이 이해한 것을 디지털 언어로 구성하는 비언어적 표현의 사례들이다.

협력학습 활용하기

협력학습 전략은 학생들의 성취도뿐만 아니라 학생들의 긍정적 태도와 사회적 기능의 성장, 관용 그리고 심리적 안녕에도 영향을 미친다(Johnson, Johnson, & Holubec, 1998). 협력집단 학습은 집단과 과제를 어떻게 구성하는지에 따라 단순한 집단 활동과는 다르다.

두뇌의 비트   두뇌는 사회적이며 다른 사람들과의 긍정적인 상호작용을 요구한다.

교실 적용   30년이 넘는 연구를 통해 협력집단 학습이 학습을 증진하고 고등 사고 기능을 촉진한다는 것이 입증되었다. 또한 협력집단 학습은 적합한 사회적 기능의 개발을 촉진한다. 학생들이 교실 안에서는 물론 대륙을 넘어 전 세계에 걸쳐 협력 집단과 네트워크로 연결할 수 있기 때문에, 21세기의 협력학습은 그 정의가 계속 확장될 수 있다.

목표 설정하기와 피드백 제공하기

두뇌는 목표가 설정되면 의식적·무의식적으로 목표를 향해 작동한다. 잘 수행하고 있는 것과 개선할 필요가 있는 것에 대한 피드백 제공은 진전 과정을 확인하고 계속 진행하도록 자극하기 때문에, 학습자들이 목표를 향해 계속 나아갈 수 있도록 도와준다.

두뇌의 비트   두뇌는 높은 수준의 도전과 명료한 목표에 잘 반응한다. 구체적인 피드백은 다음 시연을 위한 기준을 설정하고 스트레스 수준을 낮추며 자기효능감을 증가시킨다.

교실 적용   학생들이 개인적인 목표를 설정하고, 설정한 목표를 성취하기 위한 단계를 확인하고, 진전 과정을 점검하도록 격려해 주어야 한다. 교사로부터의 피드백, 학생들 상호 간의 피드백 그리고 자기반성을 통한 피드백이 반드시 필요하다. 루브릭과 체크리스트 그리고 또래 교정(peer editing)도 유용한 도구이다.

가설 설정하기와 가설 검증하기

학생들에게 새로운 지식이나 기능과 관련된 결론을 도출하도록 하면, 학생들은 정보의 모든 측면을 검토하고 고차적인 사고를 활용하게 된다. 예측을 하도록 하는 것 또한 학생들에게 호기심을 유발하여 학습에 보다 적극적으로 참여하고 관여하게 한다.

두뇌의 비트 두뇌는 선천적으로 호기심이 많아서 학습하는 정보를 이해하고 가설화하려고 하는 요구를 가지고 있다.

교실 적용 학생들은 상황과 문제에 대한 자신의 가설과 이론적 근거를 제시해야 한다. 문제 중심 학습(problem-based learning)은 학생들이 아이디어를 보다 깊이 탐구하도록 권장하는 훌륭한 방법이다.

질문과 단서 그리고 선행 조직자 제공하기

요약문이나 배경과 관련된 소강의(lecturette) 또는 개요를 담은 그래픽 조직자와 같은 선행 조직자(advance organizer)는 두뇌에 새로운 학습을 위한 개념적 지도를 제공한다. 단서와 질문 역시 학생들이 선행지식과 경험에 접근하도록 하여 새로운 지식에 대비하게 한다.

두뇌의 비트 전체적인 상황은 두뇌가 각 부분들이 어디에 위치하며 어떻게 연결되는지를 알 수 있게 해 준다.

교실 적용 새로운 학습을 시작하기에 앞서, 학생들이 주제에 대해 알고 있는 것과 관련된 정보를 토의하도록 격려해 주어야 한다. 이를 통해 학생들은 새로운 학습에 대한 맥락을 파악하고 호기심과 강한 흥미를 유발할 수 있다. 이러한 활동은 학생들이 가지고 있는 (기준에 관련된) 지식과 기능을 사전에 평가하는 데 도움을 준다. 그리고 앞으로 해야 할 학습 경험에 대한 맥락을 제공해 준다.

필수적인 9가지 전략 활용하기

교사들은 맞춤형 수업에 가장 큰 영향을 미치는 이러한 최상의 실제를 활용해야 한다. 이들 전략 중 몇 가지는 이 장에서 더 면밀하게 살펴볼 것이다.

교사들이 두뇌에 기초한 전략들을 활용하여 다중 시연을 위한 다양한 방법을 제공할 때, 정교화 시연이 강화되고 학생들이 잘 수용하게 된다. 두뇌는 신기한 것을 좋아한다. 다중지능에 적합한 다양한 전략을 활용하면, 흥미와 적극적 참여를 유도하고 학습한 내용을 장기기억에 효과적으로 잘 저장할 수 있다.

장기기억

(기계적 시연이나 정교화 시연으로) 충분한 시연이 이루어지면, 정보와 개념과 기능이 장기기억으로 이동한다. 이러한 정보는 장기기억에 있는 연합 네트워크에 무의식적으로 축적된다. 만약 이러한 정보가 모두 단기기억에 있다면 너무 많은 정보에 압도당할 수 있다. 우리의 단기 작동기억은 단지 7 ± 2개의 기억 공간을 가지고 있기 때문이다.

John Sutton(2004)은 냉장 보관 상태에서는 정보가 제대로 기능할 수 없다고 주장하였다. 정보에 접근하거나 사용하지 않으면 잊어버리게 된다. 장기기억으로부터 정보에 접근하여 망각되는 것을 방지하기 위해서는 때때로 정보를 인출하는 것이 중요하다. 장기기억으로부터 정보를 인출하는 데는 적어도 5초에서 7초가 걸린다. 두뇌가 축적된 정보를 스캔하여 필요한 정보를 찾아야 하기 때문이다(Wolfe, 2001).

Cyndi McDaniel(2003)은 수많은 연구를 통해 반복이 학습에 긍정적인 영향을 미친다고 주장하였다. 다중 시연을 통한 반복은 기억을 증진시킨다. 따라서 필수적인 개념이라면, 신경 경로를 강화하기 위해 여러 번 접근하는 것이 중요하다. 이렇게 하면 시간이 지나도 인출이 용이하게 되고 파지 능력도 증가하게 된다.

협력집단 학습(cooperative group learning)은 내용과 기능을 사회적인 방식으로 시연하고 적용할 수 있는 강력한 전략이다. 협력집단 학습은 장기기억을 생성하고 고차적인 사고를 증진하는 데 도움을 준다.

협력집단 학습

다른 사람들과의 네트워킹과 협력은 N세대가 개발하고 있는 기능이다. 오늘날 학생들은 페이스북(Facebook)에 접속하고 다중 사용자와 게임을 하고, 하루에도 수백 건씩 다른 사람들과 문자를 주고받으며, 정보와 음악 그리고 동영상을 끊임없이 공유한다. 이들은 면대면 접촉을 전혀 하지 않고도, 관계를 형성하고 서로 효율적으로 상호작용한다.

두뇌는 사회적인 기관이다. 두뇌는 새로운 학습을 더 잘 이해하고 처리하기 위해 의사소통과 상호작용을 필요로 한다. 긍정적이고 우호적인 환경에서 이루어지는 학습의 사회적 측면은 학습이 이루어지고 이를 기억할 수 있는 가능성을 높여 준다. 집단에 수용되는 것이 정서적인 영향을 미쳐 두뇌를 만족시킨다.

협력집단 학습은 맞춤형 교실을 위한 핵심 전략이다. 모든 학생이 성공하고 학습 단원 전반에 걸쳐 서로 다른 학습 속도를 수용하기 위해서는 융통성 있는 집단 편성이 필요하다. 융통성 있는 집단 편성은 무작위로 할 수도 있고, 교사가 학생들의 성격에 기초하여 구성하거나, 주제나 프로젝트에 관련된 학생들의 선택에 기초하여 조직할 수도 있다.

협력집단은 일반적으로 이질적이며, 학생들의 준비도와 읽기 수준 또는 사고 수준을 반영하여 구성된다. 학생들이 이질적인 소규모 협력집단에서 활동하면서 아이디어를 교차로 수정할 수 있다. 또한 그래픽 조직자 활용과 노트 필기 그리고 공통점과 차이점 확인과 같은 집단 활동에 통합된 서로 다른 매우 효과적인 전략들을 이용할 수 있다. 협력집단 학습은 학생의 성취를 증진할 뿐만 아니라 성공적인 삶에 필요한 사회적 기능을 개발하는 데 도움을 준다. 연구(Johnson & Johnson, 1991)에 따르면, 협력집단 학습을 효과적으로 활용하여 다음과 같은 결과를 기대할 수 있다.

- 자아존중감 증진
- 학생 성취 증진
- 학습 자료의 파지 증진
- 사회적 지원 증진
- 협력 기능 증진
- 학교와 교사에 대한 보다 긍정적인 태도
- 고등 수준의 추론

협력학습은 학생들이 흥미와 선호도를 활성화할 수 있는 안전한 환경 속에서 새로운 개념과 기능을 탐구할 수 있는 기회를 제공해 준다. 청각적 정보처리가 이루어지고 맥락에 적합한 어휘가 사용된다. 이를 통해 다양한 수준의 사고 활동이 이루어진다.

성공적인 집단 활동

다음과 같은 다섯 가지 요소는 집단 상호작용을 통해 학생들의 학습과 시간 활용을 함께 개선할 수 있다.

① **긍정적 상호의존(positive interdependence)**   학생들 각자가 책임을 지고 완수

해야 할 과제를 설계한다. 학생들이 목표를 이해하도록 하고 그에 따른 역할과 과제, 과제 계열 그리고 활동이 이루어지는 환경을 배정한다. 구성원 각자가 자신의 역할과 책임을 맡는다.

② **개별 책무성(individual accountability)**　구성원 각자가 자료를 학습하여 다른 구성원들을 돕고 배정된 임무를 이해하고 학습에 대한 책임을 진다.

③ **집단 처리(group processing)**　학생들이 학습의 과정에 대해 토론한다. 신속한 토론은 기능의 성장과 발달에 도움이 된다.

④ **사회적 · 협력적 기능(social/collaborative skills)**　교사는 의사소통과 리더십, 신뢰, 의사결정 그리고 갈등 해소 기능에 대해 분명하게 설명해 주어야 한다.

⑤ **면대면 상호작용(face-to-face interaction)**　면대면 상호작용은 구두 요약과 설명 주고받기, 토론 그리고 정교화 기능 개발에 도움을 준다.

　Michael Doyle와 David Straus(1976)는 껌(gum)이 학생들에게 제시하는 내용이고, 껌을 씹는 것은 정보를 처리하는 것과 같다고 주장하였다. 우리는 교실에서 껌을 더 적게 주고 씹는 시간은 더 많이 주어야 한다. 그리고 학생들이 조별과 소집단 상호작용을 통해 정보와 아이디어를 처리하고 이를 이해할 수 있도록 다양한 기회를 제공해 주어야 한다.

　교사들은 때때로 학생들이 함께 활동하도록 하는 데 관심이 있다. 그러나 편리하고 긍정적인 방식으로 다룰 수 있는 관리에 대한 관심사보다 대화가 주는 혜택이 훨씬 더 중요하다.

　대화는 학생들이 다음과 같은 활동을 할 수 있게 해 준다.

- 자신의 사고를 명료화
- 일상 언어에 대한 재능과 패턴 개발
- 어휘 개발
- 개념 확장

대화는 또한 훌륭한 평가 도구이다. 교사가 교실에서 활동하면서 학생들이 토론하는 내용을 들을 수 있기 때문에 누가 무엇을 알고 있는지와 여전히 잠복해 있는 오개념(misconception)을 확인할 수 있다.

교사들은 관심을 기울여야 할 것들이 많기 때문에, 때로는 협력집단 학습을 이용하는 것을 꺼린다. 〈표 4-1〉은 이러한 관심사의 사례를 제시하고 있다.

이러한 관심사의 일부를 해결하고 협력집단으로 인해 발생할 수 있는 이슈들을 피하기 위해서는, 학생들을 더 크고 더 복잡한 집단에 편성하기 전에 잠시 동안 파트너와 함께 활동하게 하라. 2인 1조 활동은 오직 다른 한 사람과만 상호작용을 해야 하고 수행해야 할 일이 많기 때문에 더 적극적으로 참여한다. 단 두 사람만 함께 활동하기 때문에 갈등도 상대적으로 적을 것으로 예상된다. 또한 학생들이 나중에 전체 학생과 함께 활동할 때, 교실에 있는 모든 학생과 사전 경험이 있고 관계와 연합이 형성되어 있기 때문에 더 편안함을 느끼는 경향이 있다.

다양한 파트너와 상호작용을 하게 하면 지루함을 완화할 수 있다. 교사가 학생들에게 서로 쳐다보게 하고 상대방을 지명하게 한 다음, 그 학생에게 다가가서 대화를 하도록 하는 '지명하고 가기(point and go)'와 같은 기법을 활용하여 파트너를 무작위적으로 선정하게 할 수 있다. 좌우나 앞뒤에 있는 학생을 파트너로 정하는 것은 시간이 많이 걸리지 않는다. 이러한 기법을 활용하기 위해 교사는 학생들에게 자신

〈표 4-1〉 학생들이 집단에서 활동할 때의 관심사와 해결안

관심사	해결안
너무 많은 시간이 소요된다.	학생들이 자신의 사고를 명료히 하고 이해를 확장하면 시간을 잘 활용한 것이다.
학생들이 수업에 태만해진다.	학생들이 함께 활동하는 시간에 대한 명확한 기대와 실제적인 시간 프레임이 필요하다. 타이머를 활용하라.
한 학생이 도맡아 하고 다른 학생들은 사회적 게으름뱅이가 된다.	학생들이 오직 다른 한 사람과 활동하도록 하면, 이런 현상이 적게 발생하게 된다.

과 가장 가까이 있는 학생과 토론하도록 요구할 수 있다. 때로는 교사들이 예약 카드를 활용하여 파트너 활동을 미리 정해 줄 수도 있다.

파트너와 협력하기 위해 이동하며 움직이는 것도 두뇌 친화적 활동이다. 움직임은 (1분 이내에) 15%나 더 많은 산소와 포도당을 두뇌에 전달하고, 혈류 속에 있는 코르티솔 수준을 낮출 수 있기 때문이다(Sousa, 2011).

혼자 생각하기-파트너와 나누기-전체와 공유하기

영국에서 수행된 연구(Black & Wiliam, 2009)에 따르면, 혼자 생각하기-파트너와 나누기-전체와 공유하기(think-pair-share, Lyman, 1981) 전략이 학생들의 시험 점수를 60%까지 증가시킨 것으로 나타났다. 혼자 생각하기-파트너와 나누기-전체와 공유하기 전략은 이처럼 높은 성공률을 기록한 매우 단순한 기법이다. 학생들에게 질문을 제기하고 (두뇌가 세부 사항을 재생하고 분류하기 위한) 충분한 대기 시간 (waiting time)을 주면서 부담을 주지 않고 질문에 대해 생각하도록 하면, 더 많은 학생이 적극적으로 참여한다. 파트너와 짝을 맞춰 자신의 사고를 점검하고 아이디어를 토론하고 명료하게 하면, 두뇌를 만족시키는 사회적 측면의 상황을 제공하고 또한 잘못될 위험을 낮추어 준다. 명료화와 시연이 이루어지고 난 다음, 더 큰 집단과 공유하기는 특히 청각 학습자들에게 혜택을 준다. 그러나 집단과 공유하기는 모든 학습자에게도 유익한 활동이다. 학생들은 테크놀로지를 활용하여 트위터와 블로그를 하고 이메일을 주고받는다. 그러나 학생들에게 면대면 상호작용과 21세기에 필요한 대인관계 기능을 개발할 수 있는 기회를 제공해 주어야 한다.

혼자 글쓰기-파트너와 나누기-전체와 공유하기

혼자 글쓰기-파트너와 나누기-전체와 공유하기(write-pair-share) 전략은 '생각하기'가 글쓰기로 바뀐 것을 제외하고는 혼자 생각하기-파트너와 나누기-전체와 공유하기(think-pair-share) 전략과 유사하다. 일부 학생은 자신의 사고를 정리하고 다음 단계인 파트너와 활동을 할 때 참고할 수 있는 무언가가 필요하다. 파트너와 토론하면서 자신의 노트를 교정하거나 정교화할 수 있다. 촉각 학습자들이 이러한 과정을 통해 도움을 받을 수 있고 편안함을 느낄 수 있다. 그러나 이 기법 역시 모든 학습자들에게 유익한 활동이다. 혼자 글쓰기-파트너와 나누기-전체와 공유하기(write-pair-share) 활동을 하면서 테크놀로지와 사회적 네트워크를 활용할 수 있다.

혼자 그리기-파트너와 나누기-전체와 공유하기

혼자 그리기-파트너와 나누기-전체와 공유하기(draw-pair-share) 전략은 혼자 글쓰기-파트너와 나누기-전체와 공유하기 전략과 유사하다. 그러나 '생각하기/글쓰기' 부분이 그림이나 상징으로 대체된다. 일부 학생은 자신의 사고를 정리하고 다음 단계인 파트너 활동을 할 때 참고할 수 있는 무언가가 필요하다. 파트너와 토론하면서 자신의 삽화를 교정하거나 정교화할 수 있다. 시각 학습자들이 이러한 과정을 통해 도움을 받을 수 있고 편안함을 느낄 수 있다. 그러나 모든 학습자에게 역시 유익한 활동이다. 테크놀로지와 Kidspiration(www.inspiration.com/Kidspiration)과 Inspiration(www.inspiration.com)과 같은 프로그램을 활용하여 이러한 활동을 촉진할 수 있다.

집단 편성을 위한 팁

협력은 21세기의 핵심 기능 중 하나이다. 교육자들은 협력 기능의 실제를 반영하여 학생들이 기업과 산업, 가족과 조직이 실제 세계에서 어떻게 작동하는지를 모델로 한 이질적인 집단에서 활동하도록 함으로써 모든 교과에서 목표로 한 기준에 도달하도록 도와줄 수 있다.

〈표 4-2〉 집단 편성을 위한 팁

	학생 집단 편성	전략
전체 (total)	• 전체 집단을 위해 동시에 수업	• 새로운 정보의 전달 • 새로운 기능의 시연 • 게스트나 전문가 • 비디오나 DVD 시청 • 직소(jigsaw) 전략 활용 • 사전평가 • 텍스트 읽기
개별 (independent)	• 모든 학생이 자신의 흥미와 준비도 또는 선택과 관련된 다양한 활동에 개별적으로 참여	• 일지 또는 저널 쓰기 • 사전평가 • 포트폴리오 자기평가와 목표 설정 • 개별 학습 • 노트 필기와 요약하기 • 반성 • 빨리 쓰기와 진출 카드
조별 (partners)	• (팔꿈치 파트너, 가리키고 가기 등과 같은) 무작위 선택 • 교사나 학생이 선택 • 과제나 흥미에 따른 선택을 통해 조별로 활동	• 숙제 리뷰 • 이해 점검 • 정보처리 • 또래 교정과 평가 • 연구/탐구 • 유사한 과제에 대한 흥미 • 브레인스토밍
소집단 (small groups)	• 기능 개발을 위한 유사한 요구나 협력집단 • 교사나 학생이 구조화 • 무작위 • 흥미나 과제 지향에 따른 소집단 활동	• 집단 프로젝트 • 협력집단 학습 과제 • 포트폴리오 협의 • 집단 탐구 • 집단 브레인스토밍 • 집단 문제 해결

출처: Gregory & Kuzmich (2004).

〈표 4-2〉는 교사가 교실에서 집단 편성의 유형과 용도를 고찰하는 데 도움을 주는 팁(tips)을 제공한다. 학생들이 상호작용을 필요로 하거나 집단 편성에 변화가 필요할 때, 이처럼 다양한 집단 편성 형태 모두를 활용할 수 있고 당연히 그렇게 해야 한다. 때로는 집단 편성이 다양성을 제공하고, 때로는 요구에 따라 집단을 편성한다.

⋯⋯는 여기에 ⋯⋯는 어디에?

이 전략은 새로운 정보를 처리하고 시연하며 리뷰하기 위한 좋은 방법이다. 이 전략은 시각, 청각, 운동감각 학습자들이 주의를 집중하는 데 도움을 준다. 사회적 상호작용을 제공하며, 신체적으로 참여하고 건전하고 우호적인 경쟁을 유발한다.

⋯⋯는 여기에 ⋯⋯는 어디에?('Here is⋯⋯ Where is?'; Tilton, 1996)는 모든 교과 영역과 모든 내용에 활용할 수 있는 간단한 리뷰 전략이다. 교사가 질문에 대한 대답(⋯⋯는 여기에)과 새로운 질문(⋯⋯는 어디에?)을 적은 카드를 준비한다. '여기서 시작'이라는 카드도 준비한다. 이 전략은 학생들이 둥글게 둘러앉을 때 활용할 수 있다. 도움이 필요한 학생들에게는 파트너를 배정하거나 보조 교사가 이들과 함께 자리할 수 있다.

이 전략의 실행 과정은 다음과 같다.

① 학생들에게 카드를 무선적으로 배당한다.
② '여기서 시작'이라는 카드를 가진 학생이 첫 번째 질문을 크게 읽으면서 과정을 시작한다.
③ 정답을 들고 있다고 생각하는 학생이 카드에 적힌 것을 읽는다(⋯⋯는 여기에).
④ 답이 틀리면, 잠시 멈추고 질문을 다시 검토하여 학생들이 자신의 카드를 다시 점검하고, 정답을 가진 학생이 응답을 한다.
⑤ 일단 어떤 학생이 정답을 읽으면, 그 학생에게 자신의 카드에 적힌 질문을 하도록 하여 게임을 다시 시작한다.

⑥ 모든 카드를 다 읽고 처음 시작한 학생에게서 활동이 종료될 때까지 과정을 계속한다.

⑦ 학생들이 카드를 서로 교환하고 게임을 다시 시작한다.

교사는 동일한 주제에 대해 더 어렵거나 도전적인 카드와 덜 복잡한 카드를 포함

여기서 시작 75%는 여기에 50%는 어디에?	.50은 여기에 25%는 어디에?
.25는 여기에 7/8은 어디에?	.88은 여기에 30%는 어디에?
.30은 여기에 60%는 어디에?	.60은 여기에 66(2/3)%는 어디에?
2/3는 여기에 55%는 어디에?	.55는 여기에 70%는 어디에?
.70은 여기에 90%는 어디에?	.90은 여기에 3/4은 어디에?

[그림 4-1] ……는 여기에 ……는 어디에?: 백분율과 이에 상응하는 소수점

출처: Tilton (1996).

하여 3세트의 카드를 준비할 수 있다. 적합한 도전 수준에 따라 학생들을 집단에 편성한다. 모든 학생이 동일한 과제에 참여하지만, 각자의 준비도와 이해 수준에 따라 참여한다.

[그림 4-1]은 수학 교과의 적용 사례를 제시하고 있다. 이 활동에 대한 견본 양식은 148쪽에 제시되어 있다. go.solution-tree.com/instruction 사이트에서 이 양식을 다운받을 수 있다.

학생들의 성공을 위한 사회적 기능

집단 활동이 실패하는 주된 이유 중의 하나는 일부 학생이 함께 활동하는 데 필요한 사회적 기능을 가지고 있지 않기 때문이다. 많은 가족이 가정에서 사회적 기능을 강조하고 있으나, 다른 가족들은 그렇지 않다. 일부 학생은 (남에게 정중하게 무엇을 부탁하거나 하라고 할 때) "제발" "감사합니다" "다시 한 번 말씀해 주세요." "만나서 반갑습니다."라고 말하는 것을 배웠을 수도 있다. 그러나 성공적인 집단 상호작용을 위한 선행 요건 기능은 갖추지 않았을 수도 있다. 집단 활동을 성공적으로 수행하기 위해서는 이러한 기능을 구체적으로 가르치는 것이 무엇보다 중요하다. 면대면 사회적 기능의 기본 요소는 다음과 같다.

- 다른 사람들의 말 경청하기
- 차례 지키기
- 다른 사람들을 격려하기
- 긍정적인 표현 사용하기
- 조용한 목소리로 말하기
- 공평하게 참여하기
- 과제에 집중하기

- 도움 요청하기
- 정중한 말투 사용하기

성공적인 집단 과정을 유지하기 위한 기능 중 일부는 다음과 같다.

- 이해 여부 점검하기
- 명료화 요구하기
- 지시 따르기
- 기분 나쁘지 않게 반대하기
- 갈등 해소하기
- 차이점 수용하기
- 서로 격려하기

학생들이 협력집단에서 최상의 활동을 하면서 학업목표를 성취하는 데 필요한 사회적 기능을 가르치는 것이 매우 중요하다. 사회적 기능을 가장 효과적으로 가르치기 위해서는 교사가 학생들이 사회적 기능의 필요성을 이해하도록 도와주어야 한다. 사회적 기능이 무엇처럼 보이고, 무엇처럼 들리며, 무엇처럼 느껴지는가, 사회적 기능을 어떻게 연습할 수 있는가, 연습한 기능을 어떻게 반성할 수 있는가?

사회적 기능의 필요성

때로는 특정 사회적 기능에 대한 필요성이 상황 속에서 분명하게 드러난다. 예를 들어, 학생들이 집단 속에서 활동하면 갈등이 일어난다. 이때 교사가 개입하여 필요한 기능을 확인한다. 교사가 전체 학급 활동을 중단시키고 필요한 기능을 토의하게 한다. 이상적으로는, 교사와 학생들이 함께 활동하며 상황을 분석하고 집단이 더 잘 기능하는 데 도움이 되는 기능이 무엇인지를 확인하는 것이 바람직하다. 때로는 교사가 특정 기능의 필요성을 판단하고 그 기능을 강조하며 시범을 보여 준다. 예를 들어, 집단 활동에서 합의를 도출할 때 교사가 학생들에게 주의 깊게 경청하기를 강조할 필요가 있다고 판단하고, 학생들에게 다른 사람들이 제안하는 것을 명료하게 표현하도록 요구할 수 있다.

사회적 기능이 무엇처럼 보이고, 무엇처럼 들리며, 무엇처럼 느껴지는가

모든 학습목표는 학생들에게 명료해야 한다. 사회적 기능을 더 명료하게 하기 위해서, 이야기나 비디오 또는 시사 문제를 통해 예를 제공할 수 있다. 학생들은 역할극을 통해 특정 사회적 기능이 무엇처럼 보이고, 무엇처럼 들리며, 무엇처럼 느껴지는가를 이해할 수 있다. 교사는 학생들이 기능의 특성을 상세하게 설명하는 차트를 창안하도록 도울 수 있다. 무언가에 대한 느낌에 대한 사고는 학생들이 자기인식과 감정이입 기능을 학습하도록 도와준다. 〈표 4-3〉은 '주의 깊게 경청하기'를 설명하는 차트의 예이다. 학생들은 이러한 지표들을 산출하고 자신의 말로 진술하여 집단 상황에서 편안하고 친숙하게 활용할 수 있다.

학생들은 자신이 기능을 이해하고 있다는 것에 대해 그림을 그리거나 기능이 적합하게 활용되는 상황을 역할극으로 표현할 수 있다. 또한 그 기능을 시연하는 인형극을 활용하거나, 자신이나 다른 사람들이 이러한 기능을 실제 상황에서 사용하는 사례를 글로 표현할 수 있다.

〈표 4-3〉 주의 깊게 경청하기를 위한 속성 차트

무엇처럼 보이는가	무엇처럼 들리는가	무엇처럼 느껴지는가
• 말하는 사람을 쳐다보기 • 관심 있게 바라보기 • 적극적으로 표현하기 • 고개를 끄덕이기	• 한 번에 한 사람씩 발언 • 보통 음성	• 내 아이디어가 중요하다. • 다른 사람들이 내 말을 듣는 것에 만족한다.

출처: Hill & Hancock (1993).

사회적 기능을 어떻게 연습할 것인가

교사는 학생들이 협력할 수 있는 경험을 설계하여 학생들이 활동을 하는 동안 적합한 사회적 기능을 연습할 수 있게 해야 한다. 예를 들어, 공평하게 참여하기는 집단이 의견을 공유하고 합의를 도출하려고 할 때 사용하는 중요한 기능이다. 주의 깊게 경청하기는 모든 학생이 활동에 전념하여 소속감을 느끼고 공평하게 참여하는 활동에서 중요하다.

연습을 어떻게 반성할 것인가

집단 처리 과정은 협력집단 학습의 필수적인 구성 요소임에도 불구하고, 집단 활동을 마무리할 때 시간 부족으로 인해 종종 생략된다. 사회적 기능의 연습은 보통 시간이 경과하면 개선된다. 그러나 반성과 같은 연습 후의 처리 과정은 기능과 성과에 대한 학생들의 의식을 고양하기 때문에 기능을 훨씬 더 개선할 수 있다.

그렇다고 집단 처리 과정에 너무 많은 시간을 사용하면 안 된다. 집단의 다른 구성원에게 인정을 표시하기 위한 칭찬은 빠르고 적극적이어야 한다. 성공의 수준을 명확하게 보여 주기 위해 엄지손가락을 위로 올리거나 옆으로 또는 아래로 표시할 수 있다. 또는 학생들이 과제를 얼마나 잘 수행했는지를 자신의 손가락을 활용하여 다음과 같이 1부터 5까지 스스로 평가할 수 있다.

- 5는 '최상의 수행'
- 4는 '상 정도의 수행'
- 3은 '보통 정도의 수행'
- 2는 '개선이 필요한 하 정도의 수행'
- 1은 '전반적으로 재검토가 필요한 최하의 수행'

체크리스트와 저널 쓰기도 활용할 수 있다. 집단 처리 과정은 메타인지를 촉진하여 학생들이 자기인식과 반성 기능을 개발하도록 도와준다.

학생이 혼자서 과제를 수행하면, 한 가지 관점과 의견 및 성과만 가지게 된다. 학생들이 집단으로 활동하면, 아이디어를 결합하고 브레인스토밍과 토의, 요약 그리고 도전을 할 수 있고 각자의 사고를 형성할 수 있다. 이러한 활동은 재생에서 평가까지 모든 수준의 사고를 활용하여 21세기에 필요한 협력과 비판적·창의적·혁신적 사고 기능을 함양할 수 있다.

노트 필기와 요약하기

노트 필기와 질문에 대답하기 그리고 시험 치기는 학생들의 다양한 학습양식을 반영하지 못한다. 교사들이 정보를 공유하고 학생들을 적극적으로 참여시키는 활동을 맞춤형으로 할 수 있는 다양한 방법이 있다. 예를 들어, 노트 필기와 텍스트 읽기 그리고 두뇌가 정보를 조직하고 이해하여 핵심 아이디어를 선정하고자 하는 요구를 충족하는 선택권을 학생들에게 제공할 수 있다.

강의를 위한 전략

흔히 새로운 정보는 교사가 서서 강의하는 방식으로 전달된다. 강의는 청각 학습자들에게 적합하다. 시각 보조도구를 함께 활용하면, 모든 학습자에게 더 많은 영향을 줄 수 있다. 그러나 두뇌는 재미있거나 감각적인 자극을 추구하는 데 친숙하기 때문에, 강의에 장시간 동안 집중할 수 없다(Wolfe & Sorgen, 1990). 설상가상으로 화면에서 화면으로 빨리 넘어가는 데 익숙한 디지털 원주민들은 주제가 자신들에게 흥미가 없으면 주의집중 시간이 짧아진다.

소강의(lecturette) 방식을 활용하여 교사가 정보를 제시하고 난 다음 학생들이 이에 대해 토의하고 글을 쓰도록 하는 것이 더 유리하다. 이 기법은 두뇌가 더 적극적으로 참여하고 주의를 기울이게 하는 상태에 일부 변화를 제공한다. 강의가 개별적으로 그리고 소집단 속에서 개념을 조작하고 다룰 수 있는 기회를 제공할 경우 학생들을 적극적으로 참여시킬 수 있다(Fitzgerald, 1996).

오늘날 교실의 테크놀로지는 개별 학생의 요구를 충족할 수 있는 내용을 다양한 방법으로 전달할 수 있게 해 준다. 시각 자료는 모든 프레젠테이션/강의의 필수적인 구성 요소이다. 예를 들어, 파워포인트나 스마트보드 프레젠테이션을 활용할 경우 다음과 같은 점들을 명심해야 한다.

- 핵심어(key words)만 활용하라.
- 그래픽 문자나 굵은 글씨체를 통합하여 요점을 강조하라.
- 한 줄에 너무 많은 내용을 담지 않고 간격을 적합하게 하라.
- 색깔 수를 제한하라. 너무 많은 색을 활용하면 혼란스러워진다.
- 주의산만과 내용이 가려지는 것을 방지하기 위해 화면 가장자리 쪽을 피하라.
- 다양성과 신기성을 활용하여 슬라이드의 단조로움을 제거하라.

강의에 참여하는 동안 노트 필기 양식을 가지고 기록하게 하는 것이 도움이 될 수도 있다. 149쪽에 있는 빈 노트 필기 양식을 활용하라.

그래픽 조직자와 비언어적 표현

교사가 조직자(organizers)를 제공하여 학생들이 정보를 정리하고 분류할 수 있도록 도와줄 수 있다. 또한 노트 필기를 유의미하고 창의적으로 그리고 유용하게 하도록 도울 수 있다. 학생들은 조직자를 강의를 듣는 동안이나 강의가 끝난 후 이해 여부를 점검하기 위한 수단으로 활용할 수 있다. 조직자는 모든 학생이 텍스트나 테크놀로지 또는 시청각 자원으로부터 핵심 정보를 추출하도록 도와준다. McREL 연구

(Marzano et al., 2001)는 그래픽 조직자를 포함한 비언어적인 시각적 표현을 활용하여 학생들의 학습이 27%나 개선되었다고 보고하였다.

그래픽 조직자는 학생들의 사고와 조직 기능을 개선하는 다양한 특성을 가지고 있다. 그래픽 조직자는 학생들이 정보들 간의 관계를 찾아 이를 더 쉽게 재생할 수 있도록 도와준다. 또한 정보를 쉽게 다룰 수 있는 단위로 세분할 수 있게 도와준다. 정보를 묶음으로써 학생들이 개별 정보들 간의 관계를 파악할 수 있다. 정보들 간의 관계를 파악하는 것은 개념을 형성하고 이해를 촉진하는 핵심 활동이다.

벤 다이어그램

벤 다이어그램과 같은 일부 그래픽 조직자도 비교하기와 대조하기와 같은 사고 기능을 활용하도록 촉진한다. SmartDraw(www.smartdraw.com/specials/venn.htm)와 My Teacher Tools(www.myteachertools.com/venndiagram.php)에서 무료 벤 다이어그램을 활용할 수 있다.

학생들은 [그림 4-2]를 활용하여, 각 나라에 대해 자신이 알고 있는 것을 브레인스토밍하여 각 나라의 속성을 해당하는 원 속에 배치한다. 그러고 난 다음, 공통 속성을 선정하여 벤 다이어그램 중앙에 겹치는 부분에 배치한다.

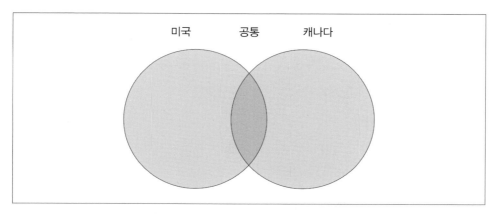

[그림 4-2] 미국과 캐나다의 벤 다이어그램

학생들이 〈표 4-4〉에 제시된 것과 같은 브레인스토밍 차트를 활용하여 세 가지 전쟁에 관하여 자신들이 알고 있는 것들을 열거하도록 하면서 시작할 수도 있다. 교사도 학생들에게 참전 이유와 전쟁 기간, 전쟁 유형, 기술적ㆍ의료적 진보와 같은 유목을 제시할 수 있다. 학생들이 브레인스토밍을 하고 난 다음, 이러한 정보를 세 개의 원이 겹쳐진 벤 다이어그램에 옮길 수 있다.

학생들은 세 개의 원이 겹쳐진 벤 다이어그램을 활용하여 세 가지 전쟁에 관한 아이디어를 검토하고 공통점과 차이점을 찾을 수 있다. [그림 4-3]은 세 개의 원이 겹쳐진 벤 다이어그램을 활용하여 걸프 전쟁, 이라크 전쟁, 베트남 전쟁의 세 가지 전쟁을 탐구하는 사례를 제시하고 있다.

〈표 4-4〉 브레인스토밍 차트

준거	걸프 전쟁	이라크 전쟁	베트남 전쟁

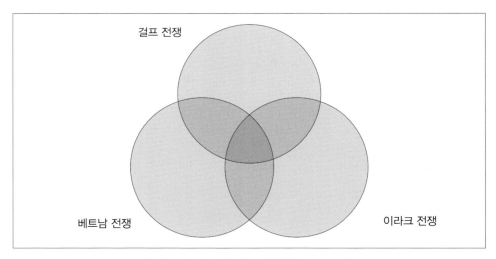

[그림 4-3] 세 개의 원이 겹쳐진 벤 다이어그램

3-D 그래픽 조직자

때로는 신기성을 활용해서 정보와 핵심 아이디어를 기록하는 조직자를 창안하게 하여 학생들의 관심을 끌 수 있다. 학습 단원 속에 있는 8개의 어휘나 8개의 핵심 개념을 기록할 수 있는 8면으로 된 소책자를 고안하기 위한 절차는 다음과 같다.

① 직사각형 용지를 가지고 핫도그형으로 접으라.
② 핫도그형 주름을 반으로 접고 또 다시 반으로 접으라. 그러면 8개의 부분으로 나누어진다.
③ 큰 직사각형을 열고 햄버거형으로 만들라.
④ 가운데를 잘라서 중앙 부분을 아래로 향하게 하라.
⑤ 열어서 다시 핫도그 형으로 접으라.
⑥ 가운데 부분을 밀어서 8면으로 된 소책자 형태로 만들라.

접이식 책자와 다른 3-D 그래픽 조직자는 수업이나 활동에 신기성을 제공해 준다. 온라인에서 간단한 접이식 책자의 사례를 찾으라. 두 가지 훌륭한 자원은 다음과 같다. Tech-It & Take-It(www.vickiblackwell.com/makingbooks.html), Dinah-Might Adventures(www.dinah.com/manipulatives.php).

프로젝트

프로젝트는 학생들에게 내용과 기능을 능동적으로 처리하는 다양한 방법을 제공해 준다. 학생들은 주제를 탐구하여 모델이나 다른 적용 사례를 고안한다. 프로젝트는 학생들을 적극적으로 참여시켜 준비도나 흥미 수준에 관계없이 더 깊이 이해할 수 있도록 도와준다. 각 프로젝트는 다음과 같은 준거를 충족시켜야 한다.

- 선택권을 제공한다.
- 학생들의 연령에 맞게 개별적으로 또는 협력해서 과제를 수행할 수 있게 한다.
- 학년 동안 배운 내용을 시연하게 한다.
- 설정된 시간 계획에 적합하고, 관리할 수 있고 수행할 수 있어야 한다.
- 이용 가능한 자원을 가지고 있어야 한다.
- 정해진 평가 도구, 즉 루브릭으로 평가할 수 있어야 한다.
- 창의성과 개성을 발휘할 수 있는 기회를 제공해 주어야 한다.
- 몇 가지 기능과 개념을 통합하여 깊이 있게 이해하도록 해야 한다.

프로젝트의 목적

프로젝트 활동을 하면서 학생들은 기능과 내용을 시연하고 연습한다. 또한 프로젝트 활동을 통해 구체적인 내용뿐만 아니라 다양한 기능을 개발할 수 있다. 학생들은 프로젝트 활동을 하면서 다음과 같은 항목을 학습한다.

- 자신의 시간을 계획
- 다양한 수준의 연구 기능 개발
- 선택과 주인의식 및 책임감
- 개별 활동
- 자기주도적 학습 기능 개발
- 자신의 기능 수준에 맞는 복잡하고 추상적인 수준의 활동
- 시간과 자료 관리

프로젝트는 강한 동기를 유발하고 흥미 있는 주제에 심층적으로 활동하게 한다. 프로젝트는 학생들이 자신의 속도로 활동하게 한다. 또한 두뇌가 새로운 신경 경로를 다양한 방식으로 연결하게 해 준다. 그러나 프로젝트는 단순히 시간 때우기가 아

니라 학생들이 시간을 투자할 만한 가치가 있는 유의미한 경험이 되어야 한다.

프로젝트의 원리

모든 프로젝트는 끝을 염두에 두고 설계되어야 한다. 이는 프로젝트가 명료한 학습목표와 기준 그리고 내용목표에 근거하여 설계되어야 함을 의미한다. 프로젝트는 학생들의 연령과 수준에 적합하게 설계되어, 학생들이 압도되지 않고 흥미 있고 도전적인 활동이 되어야 한다.

[그림 4-4]에 제시된 삼목(tic-tac-toe) 보드는 여덟 가지 다중지능에 적합한 프로젝트를 제안하고 있다. 선택 보드는 (단순히 재미있는 활동만이 아닌) 한 가지 주제와 내용 또는 기능에 초점을 두고 고안할 수 있다. 학생들은 자신의 선택 보드에서 어떤 방향이든 일렬로 세 개를 선택한다. 중앙에 있는 개인적 선택은 그 열에 없는 다른 박스에서 학생이 선택하거나, 교사와의 점검 후에 학생이 제안하는 프로젝트가 될 수도 있다. 선택권은 학생이 관심 영역이나 선호하는 영역에서 활동할 수 있게 해 준다. 또한 통제감이나 자율의식을 가지게 하여 스트레스 수준을 낮추고 몰입하도록 도와준다. 기억하기, 이해하기, 적용하기, 분석하기, 평가하기, 창안하기(3장 참조)와 같은 다른 수준의 사고를 활용하도록 하는 프로젝트를 고안할 수도 있다.

시각적-공간적	신체적-운동감각적	논리적-수학적
• 사건을 삽화로 표현하기	• 모델이나 표상 구성하기	• 패턴 조직하기
• 다이어그램 그리기	• 무언극 연기하기	• 순서나 과정 개발하기
• 벽화나 포스터 또는 스케치 창작하기	• 예술 작품 창안하기	• 이론적 근거 정리하기
• 그래픽 조직자 창안하기	• 자료 조작하기	• 상황 분석하기
• ……에 색깔 더하기	• 시뮬레이션 실행하기	• 순차적 글쓰기
• 만화 창작하기	• 행동 개발하기	• 비판적으로 평가하기
• 스토리보드 설계하기	• 역할극 시나리오 창안하기	• 분류하기, 순서정하기 또는 비교하기
• 유의미한 상징을 담은 콜라주 창안하기		• 증거 분석하기
		• 게임이나 모델 설계하기

음악적-리듬적		자기이해
• 랩이나 노래 또는 발라드 작곡하기 • 후렴구 창안하기 • 시 쓰기 • 음악으로 이야기나 사건 강조하기 • 각운 창작하기	개인적 선택	• 생각하고 계획하기 • 고찰하거나 상상하기 • 인물에 대해 숙고하고 자신의 느낌 표현하기 • 만약 ……라면 어떻게 느낄지 예측하기 • ……을 기록하고 ……에 대해 코멘트하기 • 일지 쓰기
언어적-언어학적	자연친화	대인관계
• 보고서 작성하기 • 극본이나 에세이 창안하기 • ……에 대한 지시문 작성하기 • 시나 시문 창작하기 • 오디오나 비디오테이프, CD 또는 DVD 시청하기 • 자신의 말로 다시 말하기 • 단어 망 창안하기	• 대상이나 아이디어를 범주화하기 • 자연으로부터 아이디어 찾기 • 새롭게 사용하기 위해 자료를 수정하기 • 발견하거나 실험하기 • 재료를 새로운 용도로 개조하기 • 아이디어를 자연과 연계하기 • 일반화하기 위해 자료를 조사하기 • 대상에 이름을 붙이고 분류하기 • 증거에 근거하여 결론 도출하기 • 예측하기	• 조별 또는 집단에서 활동하기 • 토론해서 결론 내기 • 문제를 함께 해결하기 • 다른 사람들을 조사하거나 인터뷰하기 • 이슈에 대해 대화하거나 토의하기 • 협력집단을 활용하여 집단 과제 수행하기 • 특정 인물의 관점 예상하기

[그림 4-4] 선택 보드 제안

출처: Gregory & Kuzmich (2005).

학생의 선택

학생들에게 선택권을 제공하면, 독립심과 과제에 대한 책임감을 부여한다. 따라서 선택은 실질적인 동기유발 요인이다. 일단 학생들이 선택을 하면 "하고 싶지 않아요."라고 말하기 어렵다. 다음은 학생들이 프로젝트를 선정할 때 참고할 수 있는 리스트이다. 이는 새로운 정보를 정확하게 이해하는 데 필요한 다양한 시연을 도와

준다. 또한 이해가 어떻게 진행되는지를 측정할 수 있는 평가 도구로 활용할 수도 있다.

• 시 쓰기	• 시사만화 개발하기
• 랩이나 노래 또는 발라드 작곡하기	• 콜라주 창안하기
• 인터뷰 수행하기	• 광고 창안하기
• 탐구 결과 기록하기	• 지도 그리기
• 어휘 게임 창안하기	• 극본 쓰기
• 제퍼디! 게임 창안하기	• 모델 창안하기
• 캐리커처 그리기	• 동의어와 반의어 열거하기
• 비평문 쓰기	• 지시문 쓰기
• 스토리보드 개발하기	• 예를 들기
• 자신의 의견 쓰기	• 이슈 토론하기
• 원인 열거하기	• 브로슈어(소책자) 설계하기

21세기에 필요한 기능을 반영한 동사는 디지털 통합을 위한 또 다른 선택을 제공한다. 교사들은 "자신이 어떠한 세대에 태어났든 간에, 새로운 테크놀로지가 모든 학생의 학구적·사회적 성장에 중요한 전통적인 기능을 가르치는 데 활용할 수 있는 도구에 불과하다는 기본 신념을 가져야" 한다(Ferriter & Garry, 2010, p. 9). 가능하다면, 학생들을 위한 선택에 디지털 도구의 활용을 통합해야 한다.

• 블로그나 위키를 창안하고 글을 쓰거나 기여하기
• 웹 토론이나 웨비나(온라인 세미나)에 참여하고 아이디어를 창안하거나 기여하기
• 디지털 사진이나 비디오를 제작하고 편집하기
• 디지털 그래픽 디자인이나 만화 또는 광고를 설계하고 삽화를 넣고 편집하기
• 웹사이트나 검색 엔진을 조사하며 주를 달고 북마크하기

- 웹사이트나 사회적 네트워크 페이지를 창안하고 프로그래밍하여 출판하기

루브릭이나 체크리스트(6장 참조)는 프로젝트가 기대하는 바를 명료하게 해 준다. 학생들에게 새로운 내용과 기능을 탐구하고 처리하는 다양한 방법을 제공하라. 이를 통해 두뇌의 더 많은 영역을 적극적으로 참여하게 하고 더 많은 신경 경로와 기억을 생성하게 할 수 있다.

요약

기억 처리   학생들이 정보와 기능을 장기기억에 전이하기 위해서는 다중 시연이 필요하다는 점을 인식해야 한다.
- 공통점과 차이점: 117쪽
- 요약하기와 노트 필기: 118쪽
- 노력과 인정 강화: 118쪽
- 숙제와 연습 배당: 119쪽
- 비언어적 표현: 120쪽
- 협력학습: 120쪽
- 목표 설정과 피드백 제공: 121쪽
- 가설 설정과 검증: 122쪽
- 질문과 단서, 선행 조직자 제공: 122쪽

협력집단 학습   맞춤형 교실의 성공은 학생들이 다른 사람들과 협력적으로 활동하는 데 달려 있다는 점을 인식해야 한다.
- 긍정적 상호의존: 125쪽
- 개별 책무성: 126쪽

- 집단 처리: 126쪽
- 사회적 기능—가르치기, 연습하기, 처리하기: 126쪽
- 면대면 상호작용: 126쪽
- 혼자 생각하기–파트너와 나누기–전체와 공유하기: 128쪽
- 혼자 글쓰기–파트너와 나누기–전체와 공유하기: 128쪽
- 혼자 그리기–파트너와 나누기–전체와 공유하기: 129쪽
- 집단 편성–팁: 129쪽
- ……는 여기에 ……는 어디에?: 131쪽

그래픽 조직자　　시각적 표상을 활용하면 학생들이 정보를 조직하고 시각화하는 것을 도와줄 수 있다.
- 벤 다이어그램: 139쪽
- 3–D 그래픽 조직자: 141쪽

프로젝트　　학생들에게 선택권을 부여하고 다양한 기회를 제공하여 모든 영역의 다중지능과 사고 수준에서 활동할 수 있도록 해야 한다.
- 삼목(tic-tac-toe): 143쪽
- 수행 프로젝트/평가의 다양성: 145쪽
- 디지털 테크놀로지를 선택에 통합: 145쪽

·····는 여기에 ·····는 어디에?

여기서 시작 ·····는 여기에 ·····는 어디에?	·····는 여기에 ·····는 어디에?
·····는 여기에 ·····는 어디에?	·····는 여기에 ·····는 어디에?
·····는 여기에 ·····는 어디에?	·····는 여기에 ·····는 어디에?
·····는 여기에 ·····는 어디에?	·····는 여기에 ·····는 어디에?
·····는 여기에 ·····는 어디에?	·····는 여기에 ·····는 어디에?

출처: Inclusion: A Fresh Look–Practical Strategies to Help All Students Succeed(Linda Tilton).

노트 필기 양식

주제:		날짜:
제목	요점	상징, 예시

요약

CHAPTER **05**

모든 학생을 위해 학습을 확대하고 확장하기

미래(또는 현재?)학교의 임무는 학생들의 학습 요구를 최적으로 충족시키는 것이다. 이는 모든 학생의 두뇌가 독특하다는 암묵적 인식을 내포하고 있다. 사람들의 두뇌는 대부분 정상적인 발달 궤적을 따르고 있지만, 각자가 특정 유형의 정보를 학습하는 데 나름대로 특유의 장단점을 가지고 있다.

– John Geake

이 장에서는 기초적인 기대 수준 이하의 학생들 또는 학습 차이로 곤란을 겪고 있는 학생들을 위해 과제와 개념을 수정하기 위한 몇 가지 공통적인 전략을 논의한다. RTI 1층에서 매일 활용할 수 있는 검증된 맞춤형 전략들도 포함되어 있다. 교사는 학생들이 기준이나 기대를 충족할 때, 부차적인 강화 기회를 제공하는 다양한 수단과 방법을 갖추고 있어야 한다. 모든 학생에게 능력에 적합한 도전 수준을 제공하기 위해, 교사는 학생들의 기대치를 높이고 해당 학년 수준의 기대를 넘어서 학습을 확장하는 방법을 익혀야 한다.

계층별 수업

맞춤형 수업 운동의 핵심에는 계층별 수업(tiered lessons)이라는 개념이 있다. 가장 단순한 차원에서 적용할 경우, 계층별 수업 계획은 교사들이 다양한 수준에서 학습을 구조화하고 동일한 수업 안에서 서로 다른 과제를 배정하도록 한다. 모든 학생에게 동일한 개념이나 기능을 학습하도록 기대한다. 그러나 학생들은 서로 다른 방법이나 활동 또는 자료로 학습에 접근할 수 있다. 계층별 수업은 흔히 다양한 학습 양식과 흥미를 포함한다. 그러나 학생들의 준비도와 특정 수준의 내용을 이해하는 능력을 반영하여 수준을 설계한다. 계층별 수업은 목표로 설정된 기준과 정보 또는 기능에 초점을 둔다. 그러나 학생들이 서로 다른 준비도 수준에서 개념이나 기능을 완전습득할 수 있는 다양한 기회를 제공한다.

준비도와 능력에 따른 계층별 수업

교사는 계층별 수업을 위해 가르칠 개념과 내용과 직결된 학생들의 능력 수준을 잘 이해해야 한다. 학생들의 준비도 수준은 사전평가와 학생들에 대한 관찰을 통해 결정된다(6장 참조). 모든 학생이 서로 다른 환경과 경험을 가지고 있어서 그들의 두뇌가 서로 달리 연결되어 있다는 점을 고려하면 사전평가와 관찰이 필요하다.

모든 학생이 완전습득에 도달하여 기준을 충족하고, 가능하다면 기준을 능가하도록 하는 것이 목표이다. 학급에 있는 학생들의 범위에 따라 계층의 수가 달라진다. 하지만 두 가지 또는 세 가지 수준의 계층이 가장 널리 실행되고 있다. 2층은 모든 학생이 성취하기를 기대하는 기본적인 숙달 수준이다. 1층 수업은 곤란을 겪고 있는 학생들을 위해 설계된다. 3층 수업은 유능한 학생들을 위해 학습을 확대하고 확장하기 위해 고안된다([그림 5-1] 참조).

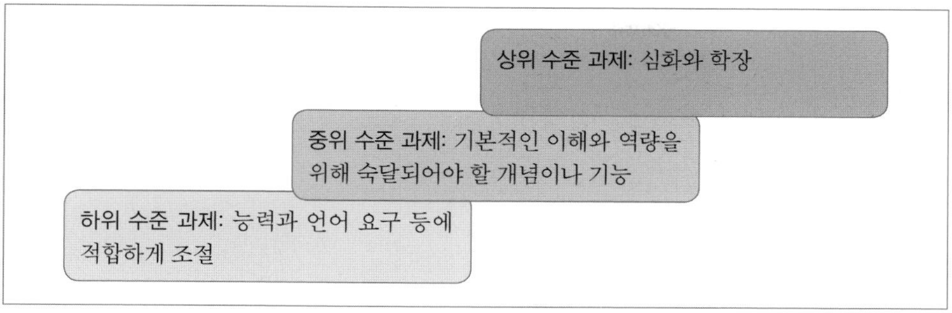

[그림 5-1] 계층별 수업

　모든 계층은 개별 학생이 적극적으로 참여하고 도전할 수 있도록 재미있고 매력적인 과제를 다루어야 한다. 계층의 수준은 학생들이 몰입할 수 있도록 자신의 기능을 바로 넘어서는 수준에서 도전할 수 있도록 해야 한다. 계층과 관련된 최악의 실패 사례는 하위 수준 집단에는 따분하고 지겨운 활동을 제시하고, 중위 수준 집단에는 더 재미있는 활동, 상위 수준 집단에는 매력적이고 도전적인 활동을 제시하는 것이다. 세 가지 계층에 대한 다양한 명칭이 〈표 5-1〉에 제시되어 있다.

　영어를 배우는 학습자들에게는 종종 4층이 포함되기도 한다. 이는 학습자들의 준비도 수준이 인지적 능력이 아닌 언어 발달의 부족에 따라 결정된다는 것을 의미한다. 영어 학습자들을 위한 부가적인 도움이나 편의를 고려한 과제를 설계할 수 있다.

〈표 5-1〉 계층별 수준에 대한 명칭

1층	2층	3층
학년 수준 이하	학년 수준	학년 수준 이상
시작 단계	보통 단계	상위 단계
곤란을 겪는 학습자	역량을 갖춘 학습자	고급 학습자
기본 이하	기본	기본 이상

1층 학습자

1층(기본 이하)으로 평가되는 학생들은 전형적으로 다음과 같은 곤란을 하나 또는 그 이상 겪고 있다.

- 구두 표현
- 청취 이해력
- 쓰기 표현 및/또는 철자법
- 기본 읽기 기능
- 수학 계산 및/또는 추론
- 장시간 과제 집중 — 쉽게 주의산만, 시간 관념 부족
- 끈기 — 인내심 부족, 쉽게 좌절
- 복잡한 지시 따르기
- 감정 및/또는 언어 폭발 통제

1층으로 평가되는 학생들이 (공식적으로 확인되건 그렇지 않건) 학습장애를 가지고 있지 않을 수도 있다. 이들은 단지 (과거의 경험이나 기회 부족으로) 과제 수행에 필요한 필수 기능이 부족할 수 있다. 이들은 개념과 관련된 선행 경험을 가지고 있지 않거나, 2층 학생들을 따라가기 위한 시간 또는 시동 걸기가 필요할 수 있다. 청각이나 시각 또는 신체 장애를 가진 학생들이 성공하기 위해서는 과제를 수정할 필요가 있다. 일부 학생은 부가적인 조절 없이 기본 수준에서 과제를 완수하는 데 필요한 언어 발달이 결여되어 있을 수도 있다.

2층 학습자

2층(기본)으로 평가되는 학생들은 다음과 같다.

- 해당 영역에서 학년 수준의 활동 수행
- 내용이나 과정과 관련된 선행 경험 보유
- 과제를 완수하는 데 필요한 필수 기능 보유
- 집단 또는 파트너 활동에 필요한 사회적 기능 보유
- 필요할 경우 일부 부가적인 도움이나 안내를 받아 개별 활동 가능, 인내심을 가지고 계속 활동 가능
- 스캐폴딩 수업(scaffolded instruction)을 통해 기준 충족과 개념 숙달 가능

2층 학생들은 중간 수준에 있는 것으로 확인된다. 이들은 대부분 기대되는 학년 수준에서 활동하고 있으며, 과제 수행에 필요한 기본 준비도를 갖추고 있다. 교사는 자신이 계획한 수업이 대부분의 학생에게 발달적으로 적합하기를 바란다.

3층 학습자

3층(기본 이상)으로 평가되는 학생들은 다음과 같다.

- 기준을 숙달하거나 거의 숙달
- 주제나 기능과 관련된 선행 경험 보유
- 높은 수준의 호기심과 새로운 개념에 대한 관심과 열정 보유
- 개별 활동 또는 파트너 활동과 집단 활동 가능
- 지시 수행과 문제가 발생할 때 해결 시도 가능
- 학년 수준 기본 이상의 읽기와 쓰기 및/또는 수학 기능 보유

3층으로 확인된 학생들에게는 기본 수업을 확장하는 부가적인 과제나 도전거리가 필요하다. 모든 것을 다 학습하지 않아도 되기 때문에 원래 수업을 압축할 수도 있다. 수정된 과제를 수행함으로써 확보된 시간을 수업을 확장하여 수평적으로 심

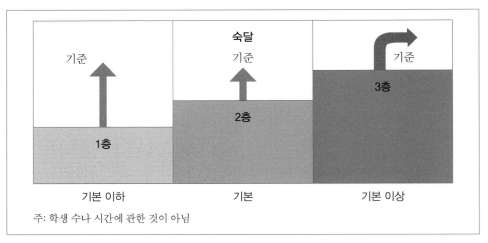

[그림 5-2] 계층별 수업의 단계

화하고 깊이와 복잡성을 강화하는 데 사용할 수 있다. [그림 5-2]처럼 3층에 있는 학생들에게는 더 도전적인 과제로 상향해서 가속화하지 않아도 된다. 이들은 실제로 수평적인 심화를 통해 주제를 횡적으로 탐구할 수 있다.

계층별 수업은 일상적인 맞춤형 수업의 한 가지 측면에 불과하다. 각 과제를 평가하여 필요에 따라 학생 집단을 재편성해야 한다. 계층은 역동적이어서 학생들이 개념을 숙달하면 계층이 변화된다. 계층은 학생들이 특정 능력 집단에 지속적으로 배치되는 것을 의미하지 않는다. 교사는 학생들에 관한 데이터를 수집하고 미리 계획하여 학생들의 근접발달영역(Vygotsky, 1978)에 적합한 성취 가능한 과제로 준비도 수준에 잘 맞추어 성공할 수 있도록 도와줄 수 있다.

계층별 수업의 사례는 〈표 5-2〉, 〈표 5-3〉 그리고 〈표 5-4〉에 제시되어 있다.

계층별 수업을 창안할 때, 다음과 같은 점들을 반영하라.

- 복잡성/도전 수준
- 구조의 양
- 산출의 다양성

〈표 5-2〉 3학년 편지 쓰기

1층(기본 이하)	2층(기본)	3층(기본 이상)
프롬프트가 설정된 컴퓨터 프로그램을 활용하여 친구에게 간단한 비형식적인 편지를 쓰라. 주소와 날짜, 인사, 본문(메시지), 맺음말 그리고 서명을 포함하라. (www.abcya.com/friendly_letter_maker.htm에서 컴퓨터 모델을 활용하라.)	(프롬프트 없이) 다른 사람에게 친근한 편지를 쓰라. 자신이 공부하고 있는 것에 대해 이야기하라. 주소와 날짜, 인사, 본문, 맺음말 그리고 서명을 포함하라. 컴퓨터나 예쁜 종이 그리고 붓펜을 활용할 수 있다.	다른 사람에게 친근한 편지를 쓰고 자신이 관심 있는 것에 대한 상세한 정보를 제시하라. 세 가지 측면을 결정하고 각각에 대해 한 단락의 글을 쓰라. 친근한 편지의 모든 요소들을 포함하라. 컴퓨터나 종이 그리고 펜을 활용하라.

〈표 5-3〉 중학교 1학년 생태계

1층(기본 이하)	2층(기본)	3층(기본 이상)
(교사가 제공한) 그래픽 조직자를 활용하여 우리가 공부하고 있는 생태계 중 하나를 선정하여 생산자와 소비자 그리고 분해자를 열거하라. 각 유기체의 범주에 해당하는 2개의 그림 또는 클립아트를 찾으라.	우리가 공부하고 있는 생태계 중 두 개를 선정하라. 각각에서 발견되는 유기체들을 비교하는 그래픽 조직자를 고안하라. 가장 다양하게 변이하는 생물로 보이는 하나를 강조하라. 단락 속에 왜 자신이 그것이 멸종 위기에 처할 수 있다고 생각하는지 진술하라.	우리가 탐구하지 않은 리스트에서 한 가지 생태계를 선정하라. 그 생태계의 다섯 가지 요소—토양, 물, 공기, 온도와 태양, 생물—를 예시하는 포스터를 디자인하라. 우리 지역에서 이 생태계를 발견할 수 있는 장소의 지도를 제시하라.

〈표 5-4〉 중등학교 고전문학

1층(기본 이하)	2층(기본)	3층(기본 이상)	4층(영어 학습자)
오디오 녹음을 들으면서 수정된 텍스트나 정규 텍스트를 읽으라. 안내된 읽기 서클에서 한 단락을 큰 소리로 읽으라. 명료화를 위해 선정된 비디오를 보라.	『로미오와 줄리엣』 또는 좌우로 분할된 텍스트로 된 유사한 자료를 읽으라. (한 쪽 면은 현대 언어 또는 의역된 언어, 반대 쪽은 원래 셰익스피어 언어)	실제로 선정한 책을 읽으라. 저자와 상황, 인물 등을 탐구하라. 주제를 탐구하라. 다른 선정된 책과 비교하라.	보충 지원을 위해 삽화를 넣은 만화나 오디오 녹음 또는 선정된 비디오를 활용하라.

- 자원 자료/테크놀로지
- 의존 수준
- 시간 배당/속도

적응과 조절 및 변경

준비한 자료가 기본적으로 적합하다고 판단되지만 더 다루기 쉽도록 약간의 조정이 필요할 때, 교사는 활동이나 수업을 이에 적응(adaptations)할 수 있다. 기존의 일반교육 교육과정 자료는 학습 요구에 더 민감하게 물리적으로 변경할 수 있다. 보충 학습 가이드와 요약, 그래픽 조직자 그리고 테크놀로지 지원을 제공하면 일부 학생을 도울 수 있지만, 다른 학생들은 수정하지 않고도 텍스트를 읽고 과제를 완수할 수 있다. 교사들은 수업의 속도와 제시될 자료의 양과 제시방법을 상황에 따라 적응할 수 있다.

다른 시나리오로 교사들은 종종 주의력 결핍 과잉행동장애(ADHD)와 같은 학습 도전을 다루기 위해 전달 방식이나 수업 또는 자료를 변경하여 학생이 과제를 더 효율적 · 성공적으로 성취할 수 있도록 어느 정도 조절(accommodations)할 필요가 있다. 대안적인 좌석 배치와 제시방법, 반응 변화, 접근성 그리고 시간 조절을 제공하면 학생들이 도전적인 학습에도 불구하고 과제를 성공적으로 완수하도록 도울 수 있다. 조절은 (평가와 검사의 경우와 같이) 특별한 승인이 필요할 수도 있고 법적으로 요구될 수도 있다.

변경(modifications)은 보통 결과나 기준상의 구체적인 변화를 의미한다. 지적이거나 신체적 또는 행동 장애 때문에 기대되는 성과의 변화나 감소 없이는 기준을 숙달할 수 없는 학생들을 위해 변경이 이루어진다. 변경은 근본적으로 기준을 변화시키고 개별화된 학습 계획이 있을 때에만 실행한다.

〈표 5-5〉는 이러한 맞춤형 수업의 변이와 관련된 전문용어들 간의 미세한 차이

〈표 5-5〉 적응과 조절 그리고 변경의 비교

적응 (adaptations)	• (학생이 보다 효율적이고 독립적으로 활동하도록 돕기 위해) 사용된 자료와 허용된 시간 그리고 활동량을 약간 조정	• 쉬는 시간을 자주 주며 활동 시간을 더 짧게 • 교사가 제공하는 그래픽 조직자 • 파트너와의 활동 허용
조절 (accommodations)	• 흔히 법적으로 요구되는 적응을 의미 • 학습장애를 가진 것으로 진단된 학생들이 자료에 동등하게 접근하고 성공적인 학습을 위해 동등한 기회를 보장	• 맞춤형 텍스트(오디오, 점자, 판독기) • 대안적인 좌석 배치 또는 환경 설정 • 검사 질문에 대한 구두 반응
변경 (modifications)	• 기준 또는 성과상의 변화 • 동등한 성공 기회를 제공하기 위해 각 개인의 특수교육 계획에 근거한 학생의 장애를 감안하여 코스 내용을 합의하여 감소	• 특수 장비나 보조 장치 또는 테크놀로지 • 다른 지역에서 활동이나 검사 완료

를 명료히 하는 데 도움을 준다.

학생들이 새로운 학습을 다중 시연하고 수상돌기 성장을 강화하도록 돕기 위해 4장에서 기술한 것처럼, Marzano의 능동적 처리를 위한 아홉 가지 최상의 실천 사례를 활용하라. 인지 정보처리와 두뇌가 정보를 어떻게 저장하고 인출하는가에 관한 연구는 특정 전략이 새로운 학습을 처리하고 문제를 해결하는 능력을 강화하는 이유를 교사들이 쉽게 이해하도록 도와줄 수 있다. 학생들의 지식 구조와 두뇌의 상호 연결된 기억 네트워크를 확장할 수 있는 연구를 기반으로 한 기법들이 학생들이 선행지식과 연계하고 패턴을 탐구하고 새로운 정보를 조직하는 방법을 학습하도록 도와준다(Rosenshine, 1997).

학생들의 지식 구조 형성하기

배경지식 네트워크를 구축하기 위해 자료와 전략과 내용 그리고 기능과의 선행 경험을 제공하라. 이러한 경험은 학생들이 새로운 학습을 연결할 수 있는 신경 상호 접속의 발판을 마련하는 데 도움을 준다.

새로운 자료를 묶음으로 제시하고 적합한 처리 시간을 제공하라. 우리의 작동기억은 한번에 5에서 7 단위의 정보만 처리할 수 있다. 이보다 더 많은 정보는 작동기억의 범위를 넘어선다. 경험적으로 좋은 방법은 10분-2분 이론을 활용하는 것이다. 10분 동안 가르치고 적어도 2분간의 처리 시간 또는 안내된 연습을 제공하라. 오늘날 디지털 원주민들은 주의집중 시간이 10분보다 훨씬 더 짧을 수도 있다. 이들은 메시지의 중요한 부분과 테크놀로지의 급속한 변화에 반응하는 데 익숙하기 때문이다. 이들은 인터넷 사이트와 스크린의 빠른 변화에 익숙하기 때문에 다른 것에 호기심을 가질 때 주의집중이 제한된다. 학생들에게 과제를 더 작게, 더 관리하기 쉬운 묶음으로 나누는 방법을 가르치라.

학생들이 패턴을 확인하도록 도와주고 절차적인 단서를 제공하라. 과제 수행에 필요한 단계들을 반복하는 표현을 고안하라(예: 나눗셈 문제를 해결하는 알고리듬에 포함된 단계들을 기억하기-나누기, 곱하기, 빼기, 더하기). 학생들이 새로운 학습을 처리할 때 스스로 반복하여 활용할 수 있는 질문이나 단서를 마련하라. 어떤 사건이 먼저인가?, 만약 ~라면 어떤 일이 벌어졌을까? 대안적인 결말은 어떻게 될 것인가?

안내된 연습을 하는 동안 학생들이 즉각적인 피드백과 교정을 받을 수 있는 방법을 고안하라. 연습은 완전하게 만든다. 학생들이 과제를 부정확하게 연습하거나 오개념을 형성하지 않도록 하라. 피드백과 교정을 위한 네 가지 주요 원천은 다음과 같다. 교사, 다른 학생, 테크놀로지 그리고 가장 중요한 것은 교사가 제공하는 루브릭 또는 체크리스트를 활용한 자기평가이다.

점프 스타트

TheFreeDictionary.com에 따르면, 점프 스타트(jump-start, 시동 걸기)는 "출발 행위나 출발 사례 또는 정지되거나 느리게 움직이는 체제나 과정에 시동을 거는 것"을 의미한다. 일부 학습자는 때때로 더 나아가지 못하고 정지하는 경우가 있다. 이럴 경우, 두뇌는 아마도 흥미를 잃게 되고 과제도 더 이상 신기하지 않고 재미도 없어진다. 여러 가지 시도를 해도 거의 진전되지 않고, 동기유발과 자신감이 감퇴된다. 이러한 학생들에게 추가적인 도움을 제공하고 과제를 약간 변화시키면, 점프 스타트로 작용하여 학생들이 다시 시동을 걸 수 있다.

학생들을 활성화시키는 점프 스타트의 사례는 다음과 같다.

- 학습자가 선행 학습 경험과의 관련성을 알 수 있게 도와주는 예상 상황을 고안하라. 유사한 과제와 숙제를 상기하라. "이 활동은 우리가 ~할 때와 똑같다."
- 교사가 만든 그래픽 조직자를 제공하여 학생들이 패턴을 찾고 정보를 어떻게 묶을 수 있는지를 알 수 있도록 도와주라. 마인드맵, T-차트, 그래프, 흐름도, 시간표 등
- 특정 과제를 위한 공부 친구(study buddies)로 학습 곤란을 겪고 있는 학생을 자발적으로 지원한 유능한 학생과 짝을 지어 주라. 즉각적인 교정적 피드백이 확실하게 일어날 수 있도록 토론을 격려하라. 질문을 했을 때, 맞으면 도와주는 학생이 엄지손가락을 위로 들고, 틀리면 엄지손가락을 아래로 하는 '예 또는 아니요' 게임을 해도 좋다.
- 과제나 개념을 묶음으로 나누고 학생들이 새로운 학습을 다루기 쉬운 소단계에 초점을 두도록 도와주라.
  - 정보를 공통 속성을 가진 범주로 분류하라.
  - 정보를 묶음 간의 관계를 보여 줄 수 있도록 배열하라.
  - 묶음의 중요성과 순서 그리고 시간 계열을 결정하라.
- 기억 보조 기법과 패턴 또는 절차적 단서를 고안하라. 규칙과 표현 또는 단계를 기억하는 것을 돕기 위해 학생들에게 두문자어(acronym)나 단서 카드를 제공하라.
  - c 뒤나 neighbor과 weigh에서처럼 a라고 발음될 때를 제외하고는 일반적으로 e 앞에 i(ie)[1]

−FANBOYS는 7개의 등위 접속사─for, and, nor, but, or, yet 그리고 so─를 의미한다.

−'please excuse my dear aunt Sally'라는 표현은 수학의 연산 순서─괄호 (parentheses), 거듭제곱 수(exponents), 곱하기(multiply), 나누기(divide), 더하기(add), 빼기(subtract)─를 의미한다.

−'kids prefer cheese over fried green spinach'라는 표현은 생물학에서 분류 체계의 순서─계(界, kingdom), 문(門, phylum), 강(綱, class), 목(目, order), 과(科, family), 속(屬, genus), 종(種, species)─를 의미한다.

각 단어에 포함된 문자의 수와 아라비아 숫자를 일치시키는 기억 기법은 숫자를 기억하는 데 자주 활용된다. 예를 들어, 파이의 숫자를 소수점 6자리(3.141592)까지 기억하기 위한 표현: How(3) I(1) wish(4) I(1) could(5) calculate(9) pi(2)

- 학생들과 실제로 완수해야 할 활동의 양을 협의하라. 예를 들어, 수학 활동을 할 때 세 가지 계산을 정확하게 완수하면 다음 수준으로 넘어가도록 협의할 수 있다. 학생들의 활동이 정체되어 잠시 동안 무언가 다른 활동으로 이동하기를 원하거나 그렇게 해야 할 때, 프리패스권을 활용할 수 있게 하라.

- 체크리스트나 루브릭을 제공하여 학생들이 학습 과정의 각 단계에서 즉각적인 피드백을 받을 수 있도록 하라. 체크리스트는 시간과 과제를 관리하는 방법을 제공하고, 완성에 가까워지면 성취감을 줄 수 있다(6장 체크리스트 참조).

- 능동적 처리와 숙달을 실증하기 위한 대안적인 방법들을 준비하라. 반응을 글로 쓰는 데 애로가 있는 학생들을 위해 구두로 답을 제시하거나 과정이나 결과

---

1) 역자 주: 영어 단어 스펠링에서 ei 또는 ie의 순서가 헷갈릴 때 사용하는 방법. 일반적으로 believe, fierce, collie, die, friend처럼 ie 순으로 되나, deceive, ceiling, receipt, ceilidh처럼 c 뒤에서는 ei. 그러나 species, science, sufficient와 같이 c 뒤에 ie가 오거나, seize, vein, weird, their, feisty, foreign처럼 c 뒤가 아니어도 ei가 되는 예외도 많이 있다.

를 삽화로 그릴 수 있도록 하라.

이러한 많은 점프 스타트 방법은 다양한 학생이 숙달을 위한 기초적인 기준을 충족하도록 도와준다. 어떤 것들은 약간의 적용이 필요하고 어떤 것들은 상당한 조절이 필요할 수 있다. 일상적으로 맞춤형 수업을 실행할 때, 교사는 학생들이 크게 도약하여 학습 돌파구를 경험하고 성공과 성취감을 즐길 수 있도록 임시로 조절할 필요가 있다.

학생의 흥미와 학습 선호에 따른 과제 조직

앞 장에서 논의한 것처럼, 계층별 수업과 같은 많은 맞춤형 수업전략은 학생들의 준비도 수준과 능력에 초점을 둔다. 학생들의 흥미와 경험, 학습 선호도를 이용하기 위해서는 일부 활동의 경우 과제에 따라 비슷한 흥미를 가진 학생들을 소집단으로 나누는 것이 바람직하다. 또한 학생들이 주제나 과제 또는 센터 활동을 선택하게 하면, 자아존중감과 권한 부여 의식을 증진시켜 학생들이 흥미를 가지고 학습을 확장할 수 있도록 고무한다. 선택권 부여는 하루하루의 활동 또는 장기 프로젝트나 탐구에도 적용할 수 있다.

선택 센터

초등학교 교실에서 선택 센터(choice centers)는 학생들이 교육과정을 탐구하고 자신들이 하고 있는 것을 통제할 수 있게 하는 훌륭한 방법이다. 학생들이 협상이 불가능한 과제를 완수했는지를 확인하기 위해 '필수 사항(must-do)과 선택 사항(may-do)'시스템을 고안하라. 교사가 학생들에게 일부 센터를 배정하고(필수 사항) 난 다음, 남은 시간 동안 자신이 하고 싶은 과제나 활동을 선택하도록 한다(선택 사항). 학생들이 자신의 이름 카드나 이름 클립을 자신이 선택한 센터의 표시판에 두게 하라. 한 번에 한 스테이션의 학생 수를 제한하라. 다음과 같은 다양한 학습 선호를 활용하여 센터에 변화를 주라.

- **탐구 스테이션**   과학 실험, 현미경, 확대경, 실제 발견 놀이
- **상상 스테이션**   변장, 분장, 역할극, 인형극
- **창작 스테이션**   미술 활동, 그리기(매주 자료를 순환)
- **의사소통 스테이션**   글의 소재, 캘리그라피, 컴퓨터, 아이패드, 휴대전화
- **계산 스테이션**   수: 계산하기, 무게 재기 / 측정 도구: 계산기
- **건축 스테이션**   나무, 흙, 파이프 청소 도구와 같은 건축 재료

네 코너

교실에 있는 네 코너 각각에 이름을 붙인다(이 전략을 자주 활용할 수 있도록 이름 표시를 지속적으로 게시하라). 네 가지 색깔, 나침반의 방위(동서남북), 1-2-3-4 그리고 A-B-C-D 모두 가능하다. 학생들이 자신이 동의하거나 자신의 반응에 가장 잘 맞는 코너에 가도록 하라. 이는 흔히 '(어디에를 가거나 가지 않는 것으로) 행동으로 의사 표시를 하는' 전략이라 부른다. 네 코너를 활용하는 몇 가지 아이디어를 제안하면 다음과 같다.

- 학생들이 네 코너를 활용하여 의사를 표현하게 하라.
  "학생들이 침실에서 TV 보는 것을 허용해야 하는가?"
  (1) 매우 동의, (2) 동의, (3) 동의하지 않음, (4) 매우 동의하지 않음
- 학생들이 네 코너를 활용하여 자신이 선호하는 것을 표시하게 하라.
  "자신이 좋아하는 과일은?"
  (A) 사과, (B) 바나나, (C) 오렌지, (D) 포도

- 학생들이 네 코너를 활용하여 자신의 관심 연구 분야를 제시하도록 하라.
  (빨간색) 순환계, (파란색) 호흡계, (초록색) 소화계, (노랑색) 감각계

직소

직소(jigsaw) 전략은 협력 과정의 일부로 전문가 집단을 활용한다. 직소는 Elliot Aronson(1978)이 처음 소개한 기법으로, 다양한 내용을 조사하기 위한 효율적이면서도 재미있고 매력 있는 기법이다. 이 전략은 앞서 소개한 기법들보다 훨씬 더 복합적이다. 따라서 학생들이 더 큰 집단과 복합적인 과제에 대처하는 데 필요한 사회적 기능을 개발한 이후에 시도해야 한다.

3~4명으로 구성된 기초 집단(base group) 또는 홈 집단(home group)에서 시작하라. 그리고 다음과 같은 단계를 따르라.

① 맨 처음, 학생들은 흔히 기초 집단이라 부르는 3~4명으로 구성된 집단에 편성된다. 각 집단의 구성원은 (예를 들어, 1, 2, 3, 4 또는 A, B, C, D와 같은) 숫자나 문자를 배정받는다. 조사할 자료를 각 집단에 있는 구성원 수(3~4명)와 동일한 개수로 나눈 다음, 집단의 각 구성원들에게 나누어 준다. 더 많은 학습자들의 요구를 충족시키기 위해 (시각, 청각, 촉각/운동감각의) 학습 선호도에 근거하여 학생들을 나눌 수 있다([그림 5-3]의 맨 위 기초 집단 참조).

② 학생들이 각 집단의 1번은 1번끼리, 2번은 2번끼리, 3번은 3번끼리, 4번은 4번끼리 함께 만나 전문가 집단을 구성한다([그림 5-3]의 가운데 전문가 집단 참조). 전문가 집단에서 구성원들은 자료와 정보 또는 모델을 조사하여 중요한 점(내용, the what)을 분석하고 이러한 정보를 자신의 기초 집단과 어떻게 공유할 것인지를 결정한다(방법, the how).

③ 각 집단의 전문가들이 자신의 대화 및/또는 과제를 끝내고 이해 수준에 도달한 후에, 자신이 속한 기초 집단으로 돌아온다([그림 5-3]의 맨 아래 기초 집단 공

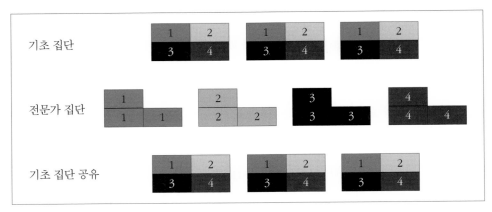

[그림 5-3] 직소

유 참조). 집단의 각 구성원이 차례대로 자신이 학습한 것을 동료들에게 가르친다.

직소 전략은 집단 구성원들 간의 상호의존성을 길러 준다. 구성원 각자가 집단의 구성원들과 이해를 공유하는 데 필요한 전체의 특별한 역할을 맡고 있기 때문이다. 학생들이 새로운 정보를 다른 사람들과 공유할 수 있을 만큼 철저하게 이해하기를 바란다면, 자료를 신중하게 조사하고 비판적 사고 기능을 활용할 필요가 있다. 새로운 정보를 명확히 표현하고 설명하거나 해석하게 하는 것은 학생들이 장기적이고 지속적인 이해를 창출하도록 도와준다.

다음은 직소의 실천 사례이다. 학생들은 '아프리카의 국가들'이라는 새로운 주제를 공부하고 있다. 학생들은 지형, 사람, 야생동물 그리고 음식과 농업 영역을 배정받는다. 전문가 집단이 만나서 이들 네 영역 중 자신이 맡은 영역을 탐구하고 난 다음, 자신이 속한 기초 집단으로 돌아와 집단 구성원들에게 서로 가르친다.

직소는 모든 교과 영역의 거의 모든 내용에 활용할 수 있다. 직소는 선행 조직자(advance organizer)와 정보를 제시하기 위한 전략 또는 학생의 학습을 정리하는 종결 활동으로 활용할 수도 있다. 우리는 다음과 같은 세 가지 매우 강력한 전략을 직소에 통합해서 활용하고 있다.

① 협력집단 학습(사회적 요구)
② 그래픽 조직자 활용(시각적)
③ 노트 필기와 요약하기(비판적 사고)

측면 심화와 확장

3층 학습자들에게는 기초 수준을 넘어서 자신들의 학습을 확장하기 위한 부가적인 과제와 활동이 필요하다. 핵심은 수업을 시작하기 전에 모든 학생을 사전에 평가하여 어떤 학생들이 이미 기준을 숙달했는지 또는 누가 사전 경험을 가지고 개념을 더 빨리 습득할 수 있는지를 발견하는 데 있다. 교사들이 영재 학습자들과 매우 유능한 학생들을 위한 활동을 계획할 때, 흔히 다음 더 어려운 과제(next-more-difficult task) — 영재교육 전문용어로는 교육과정 '가속화(accelerated)' — 를 준비하는 경향이 있다. 학생들이 과제를 완수하고 숙달을 실증하면, 교사들은 이러한 학생들에게 다음 과제를 진행할 수 있도록 한다. 학생들의 학교 경험과 학습 경험을 너무 자주 가속화하면, 나중에 다음과 같은 몇 가지 문제점을 초래할 수 있다.

- 영재 학생들이 학습하는 내용과 다른 학생들이 학습 내용 간의 차이가 더 커지게 된다. 교사는 학급 안에서 더 넓은 범위의 능력을 가진 학생들을 상대하게 된다.
- 영재 학생들은 자신들이 알고 있는 것을 더 많이 표현하면 할수록 자신들에게 더 많은 활동과 더 어려운 과제가 배정되어 결국 친구들과 분리될 수도 있다는 것을 깨닫고 에너지가 소진될 수 있다. 학생들이 저성취 영재 학생이 될 수도 있다.

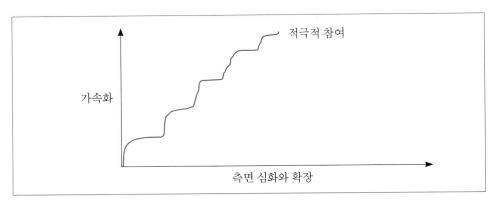

[그림 5-4] 적극적 참여 = 가속화와 심화와 확장 간의 균형

유능한 학생들이 학습에 적극 참여할 수 있도록 하기 위해 횡적으로 사고하고 일상 과제를 더 깊이 있고 복합적으로 접근할 수 있는 기회, 즉 측면 심화(lateral enrichment) 기회를 고안하라. 가속화와 확장 간의 계속적인 균형([그림 5-4] 참조)은 학생들을 적극적으로 참여하게 하고 사물에 대해 더 도전적인 방식으로 사고하게 해 준다.

횡적으로 사고하기, 초등학교의 예(전기 회로)

숙달을 실증하기 위해 전구와 배터리 그리고 전선을 활용하여 간단한 전기 회로를 고안하라.

숙달을 실증할 수 있는 학생들은 '온-오프' 스위치를 간단한 회로와 통합하거나, 전자 게임 보드를 고안하라. 왼쪽 칸에는 질문을 배치하고, 오른쪽 칸에는 선택형 답을 배치하라. 종이 클립을 전도체로 활용하라. 사용자가 정답을 선택하면, 불빛(회로가 완성)이 들어오도록 하라.

횡적으로 사고하기, 중등학교의 예(수요와 공급)

숙달을 실증하기 위해 1800년대 중반 오리건 트레일로 서부로 여행하는 가족에게 최우선적으로 필요한 다섯 가지 항목을 연구하라. 미주리에서 여행을 시작할 때, 이들 물품의 예상 가격과 무게에 대해 보고하라. 여행자들이 종종 인플레이션된 가격을 지불하는지 아닌지를 판단하라.

숙달을 실증할 수 있는 학생들은 오리건 트레일을 따라 부가적인 공급이 가능한지를 연구하라. 일부 생필품의 재고 보충 가격에 대해 보고하라. 기업가가 서부로 향하는 여행객들의 수요 공급 시장을 이용하는 사례를 발견하라.

 확장 과제 창안하기

역동적인 확장 과제와 탐구거리를 창안하기 위해. 다음과 같은 공식을 활용하여 일상적인 과제를 넘어서는 활동을 설계하라.

고차적인 사고 전략을 나타내는 과정 동사
(Bloom 또는 Williams의 동사)

+

내용 관점 – 깊이와 복잡성
(Kaplan의 깊이와 복잡성 아이콘. 하나 또는 그 이상)

+

산출 가능성
(의사소통. 표현. 수행. 멀티미디어)

=

양질의 확장 과제

고차적인 사고 기능

3장에서 기술한 것처럼, 고차적인 사고 기능(Higher-Order Thinking Skills: HOTS)과 창의적 사고를 활용하는 과제가 포함되면, 학생의 흥미 수준이 높아질 수 있다. Bloom의 개정된 분류 체계는 분석, 평가, 종합과 같은 고차적인 수준은 보다 정밀한 사고가 포함된다는 것을 강조한다. 브레인스토밍 활동을 통해 학습을 확장할 때 이러한 수준을 활용할 수 있다. 과제 산출을 돕기 위해 각 수준에 대한 과정 동사 리스트를 활용하라(〈표 5-6〉 참조). 기본적인 창의적 사고 기능은 유창성(fluency), 융통성(flexibility), 독창성(originality) 그리고 정교성(elaboration)으로 특징지어진다.

〈표 5-6〉 Bloom의 분류 체계에서 사고 기능별 과정 동사

기억하기	이해하기	적용하기	분석하기	평가하기	창안하기
기억하다	기술하다	실증하다	비교하다	판단하다	구성하다
열거하다	토론하다	예시하다	분석하다	평가하다	창안하다
정의하다	설명하다	극화하다	분류하다	선택하다	발명하다
이야기하다	요약하다	적용하다	대조하다	방어하다	설계하다
이름 붙이다	위치를 찾다	해결하다	실험하다	지지하다	종합하다
진술하다	계산하다	작동하다	질문하다	옹호하다	개발하다

Frank E. Williams(1993)는 또 다른 고차적인 사고 기능 모델을 개발하여, 영재 프로그램을 심화하기 위한 인지적-정의적 상호작용 모델(Cognitive-Affective Interaction Model)에 적용하였다. 〈표 5-7〉에 제시된 수업전략은 학생들에게 창의적 사고와 상상력, 위기 관리 그리고 복합적 사고를 위한 기회를 제공하는 데 활용할 수 있다.

〈표 5-7〉 Williams의 고차적 사고 전략: 18가지 중 핵심 6가지

고차적 사고 전략	사례
역설	자기모순적인 진술이나 관찰 대상을 탐구하라. "닭이 먼저냐, 달걀이 먼저냐?"
속성	어떤 것의 속성이나 상징 또는 양을 분석하라.
유추	사물들 간의 유사성을 발견하라. 그리고 이러한 유사성에 근거하여 서로 비교하라.
불일치	알려지지 않은 것을 발견하라. 그리고 정보에서 전체를 이해하거나 완성하는 데 필요한 빠진 고리를 발견하라.
자극적 질문	심사숙고를 요하는 탐구거리를 만들라.
직관적 표현	어떤 것에 대한 육감과 자신의 내적인 감정을 숙고하라. "자신의 본능이 무어라고 말하고 있는가?"

출처: Williams (1993).

깊이와 복잡성 사고 도구

일반교육 교실의 교사들은 흔히 영재 학생들의 요구를 충족하기 위한 도전적인 확장 과제를 개발하는 데 곤란을 겪고 있다. Sandra Kaplan, Bette Gould와 Victoria Siegel(1995)이 지은 『플립 북(The Flip Book)』은 수업에서 깊이(depth)와 복잡성(complexity)을 창출하는 것이 무엇을 의미하는지를 확실하게 진술하고 있다. 깊이는 더 깊이 있게 탐구하며 공부를 확장하여 더 멀리 나아가고, 구체적인 것에서 추상적으로 나아가면서 정교화하는 것을 의미한다. 복잡성은 이해의 폭을 더 넓히는 것을 의미한다. 이들 범주의 각각을 하나의 사고 도구로 활용할 수 있다. 이들 둘을 결합하라. 그러면 과제가 더 철저하게 된다.

깊이를 창출하기 위한 세목, 패턴, 추세, 답이 없는 질문, 규칙, 윤리, 빅 아이디어, 학문 언어의 여덟 가지 고려 사항 영역이 있다. 그리고 복잡성을 조성하기 위한 탈학문, 시간에 따른 변화, 다중 관점의 부가적인 세 가지 영역이 있다. 이들 열한 가지 영역은 각각 시각적으로 쉽게 참고할 수 있는 간단한 표현 아이콘이 있다(〈표

5-8〉 참조). 많은 교사가 학생들에게 이러한 아이콘을 도입하여 추가 공부를 위한 과제를 코드화하는 데 활용하고 있다. 또한 깊이와 복잡성 아이콘은 '시각적 단서 (iconic prompts)'로 학생들이 자신의 탐구를 확장하고, 더 깊이 천착하고 주제에 대해 더 넓은 관점을 가지도록 촉진하는 데 활용되고 있다. (깊이와 복잡성 아이콘 활용에 관한 더 많은 제안은 JTaylor Education의 www.jtayloreducation.com을 방문하라)

〈표 5-8〉 깊이와 복잡성 아이콘

초점 영역	탐구 과제	특성
세목	• 이것을 특징짓는 속성과 정의상의 특색은 무엇인가?	• 요소 • 요인 • 세부 사항 • 특성
패턴	• 어떤 사건들이 계속 발생하는가? • 시간이 경과하면 어떤 요소가 기대되는가? • 다음에 어떤 일이 일어날지 예측할 수 있는가?	• 순환적 • 반복적 • 체계적 • 계열적
추세	• (사회적 · 경제적 · 정치적 등) 어떤 계속 진행 중인 요인들이 이 사건에 영향을 미치는가? • 시간에 따른 변화에 패턴이 있는가?	• 방향 • 영향 • 행동 방침 • 경향
답이 없는 질문	• 이 주제에 대해 아직 이해되지 않은 것은 무엇인가? • 아직 알려지지 않은 것은 무엇인가?	• 입증되지 않은 • 명확하지 않은 • 해결되지 않은 • 의심스러운
규칙	• 이것은 어떻게 구조화되었는가? • 설명과 관련하여 진술되거나 진술되지 않은 원인은 무엇인가?	• 구조 • 이유 • 순서 • 협약

윤리	• 어떤 딜레마와 갈등이 내재되어 있는가? • 어떤 요소들이 선입관이나 편견 또는 차별을 반영하고 있는가?	• 갈등 • 딜레마 • 입장 • 가치와 도덕 • 옳고 그름
빅 아이디어	• 어떤 대단히 중요한 진술이 이것을 가장 잘 기술하고 있는가?	• 테마 • 이론 • 논제 • 원리 • 일반화
학문 언어	• 어떤 용어나 단어가 이 학문에 특수한가? • 어떤 도구를 활용하는가? • 전문화된 어휘가 있는가?	• 전문용어 • 표현 • 특수용어 • 링고(특정 집단이 쓰는 용어) • 약어
탈학문	• 한 학문의 전문가가 다른 학문의 전문가로부터 어떻게 배울 수 있는가?	• 통합하다 • 연계하다 • 연결하다 • 연합하다
시간에 따른 변화	• 이러한 아이디어들이 특정 시기와 어떻게 관련되는가? 현재와 과거, 미래 사이에 관계가 있는가?	• 과거와 현재 • 시간에 따른 변화를 기록하라. • 미래를 생각하라.
다중 관점	• 대립되는 견해는 무엇인가? 다른 사람들은 이러한 상황을 어떻게 보는가?	• 관점 • 역할 • 전문가 • 경력

출처: Kaplan, Gould, & Siegel (1995). *Definitions of dimensions of depth and complexity are from* Differentiating the Core Curriculum and Instruction to Provide Advanced Learning Opportunities, *California Department of Education and California Association for the Gifted, 1994. Symbols for dimensions of depth and complexity developed under the auspices of OERI, Javits Curriculum Project T. W. O., 1996.*

〈표 5-9〉 확장 활동을 위해 가능한 산출

의사소통	표현	수행	멀티미디어
미니북	삽화	역할극/촌극	웹 디자인
신문	모델	모의재판/토론	파워포인트
브로슈어	청사진	시뮬레이션	위키/블로그
포스터	발명	자원봉사	음악
편지	실험	풍물장터/페스티벌	비디오

  확장 과제를 설계할 때, 다양한 범위의 산출과 수행을 반드시 포함하라(〈표 5-9〉 참조). 학생들이 자신의 의견을 표현하고, 다양한 참여 활동을 통해 새로운 학습을 실증할 수 있는 기회를 제공하라. 그리고 학생들이 테크놀로지 자원과 멀티미디어를 활용하여 자신이 알고 있는 것을 보여 주도록 하라.

동사 + 내용 + 산출물 = 확장 과제

  확장 과제를 계획할 때, Bloom의 분류 체계에서 과정 동사를 활용하고(〈표 5-6〉 참조), Williams의 리스트(〈표 5-7〉 참조)나 깊이와 복잡성 모델(〈표 5-8〉 참조)에서 초점 영역(내용)을 선정하라. 그런 다음, 어떤 유형의 산출이나 수행(〈표 5-9〉 참조)이 훌륭한 확장 과제를 만들 수 있는지를 선정하라.

  다음 예에서 동사와 내용 그리고 산출물을 찾으라.

- 웹 검색을 활용하여 지난 100년 동안 북아메리카의 이주 패턴을 연구하라. 이 시기 동안 이주 추세가 어떻게 변해 왔는지 간략한 에세이로 요약하라. 지난 30년 동안 새로운 이주민들을 가장 많이 받아들인 세 지역을 지도상에 예시하고 이름을 표시하라. 이용할 수 있다면, 구글 어스 온라인을 활용하라.
- 적어도 20개의 콩 꼬투리를 분석하여 각 꼬투리에 얼마나 많은 콩이 들어 있는지 계산하라. 각 꼬투리에 있는 콩의 수의 평균을 계산하라. 간단한 차트를 활

용하여 자신의 결과를 파워포인트로 막대그래프를 디자인하여 제시하라.

- '뜨는 물체와 가라앉는 물체' 단원에 활용된 주요 용어들(가라앉다, 뜨다, 표면 장력, 밀도, 무게, 부피)에 대한 정의를 담은 미니북을 창안하라. 정의와 간단한 예시를 포함하라. 아니면 디지털 카메라로 사진을 찍어 미니북에 탑재할 수 있다.
- 학교에서 집으로 가는 루트에 대한 두 가지 견해를 비교하라.
  - 선택 1: 포켓용 GPS(또는 아이폰 앱)를 활용하여 루트를 다녀 보고 실제 거리와 이동 시간을 결정하라.
  - 선택 2: 구글 지도를 활용하여 루트를 계획하고 예상 거리와 이동 시간을 기록하라. 부모님께 설득력 있는 편지를 써서 자신은 어떤 루트를 추천하는지를 이야기하라.

양질의 확장 활동을 설계하는 데 도움이 되는 수많은 자원과 웹사이트가 있다. 영재 학생들을 가르치는 아이디어에 관심이 있으면, Byrdseed 웹사이트(www. byrdseed.com/differentiator)를 탐구하라. 선택 리스트와 삼목 보드 등을 구성하는 데 도움을 얻기 위해서는 ExtendAMenu(www.extendamenu.com/index.php)를 방문하라. JTaylor Education(www.jtayloreducation.com)에서 깊이와 복잡성을 위한 매우 다양하고 유용한 다운로드 가능한 도구와 산출물을 활용할 수 있다.

정착 활동

학생들이 서로 다른 시간에 서로 다른 활동을 하더라도, 어떤 학생은 다른 학생보다 더 빨리 끝마친다. 교실에서 학생들이 서로 다른 스테이션을 순환하도록 할 경우, 어떤 집단이 다른 집단보다 느리게 진행하여 기다려야 할 때가 가끔씩 있다. 교실에서 이런 여분의 시간에 행동 문제가 발생할 수 있다. 그냥 내버려 둔다면, 흔히 학생들이 우왕좌왕하며 다른 학생들의 주의를 산만하게 할 수 있다. 모든 학생이 과제에 집중하도록 하면 이러한 문제들을 상당 부분 줄일 수 있다.

맞춤형 수업을 실행할 때, 성공의 핵심은 다른 학생들보다 먼저 끝마치거나 자신의 차례를 기다려야 하는 학생들이 그동안 해야 할 계획을 마련하는 것이다. 정착 활동(anchor activities)은 Tomlinson(1996b)이 처음 정의한 개념으로 학생들이 몇 분 동안 계속 수행해야 할 과제를 의미한다([그림 5-5] 참조). 교사들은 "정착 활동을 할 수 있는 선택 리스트를 제공하고 학생들이 다른 아이디어를 제안할 수 있도록 권장해야 한다. 정착 활동은 학생들의 필수 학습에 중요한 활동이어야 하며, 시간 때우기 식이 되어서는 절대로 안 된다."(Tomlinson & Strickland, 2005, p. 349)

정착 활동은 다음과 같은 활동이 되어야 한다.

- 자기주도적 활동
- 진행 중인 과제와 관련하여 완수할 수 있는 활동
- 학습할 개념 및 내용과 관련된 활동
- 다른 학생들과 관련되지 않는 활동
- 바쁜 활동이나 연습장 꾸러미가 아닌 매력 있고 유의미한 활동
- 다른 활동을 끝마치지 않았다 하더라도, 궁극적으로 모든 학생이 수행할 수 있는 기회를 제공하는 활동

이번 주의 정착 활동

호주에 관한 여행 브로슈어를 창안하라. 브로슈어에는 다음과 같은 사항을 포함하라.

- 이번 주 학습 리스트에서 적어도 다섯 가지 단어의 철자
- 호주와 호주 국민에 대한 글쓰기
- 호주에 사는 동물들의 그림
- 호주에 관한 재미있는 사실 리스트

[그림 5-5] 정착 활동의 사례

학생들이 정착 활동이 어떻게 작용하는지 이해하도록 돕기 위해, 모든 학생이 기본 과제를 조용히 독립적으로 수행하면서 시작하게 하라. 정착 활동을 하는 동안 개별 학생 또는 소집단 학생들과 만나게 하라. 교사가 또 다른 과제를 배정하지 않는다면, 기존 정착 활동을 계속하도록 하라. 훌륭한 정착 활동은 유의미하고 매력적이며 깊이와 복잡성을 약간씩 증가시켜 가며 활동하도록 해야 함을 명심하라.

초기 정착 활동의 사례는 다음과 같다.

- 주제에 대한 브로슈어 창안
- 구두 제시를 위한 준비와 연습
- 주제에 대해 더 많은 정보를 얻기 위한 편지 쓰기
- 게시판 구성을 위해 온라인이나 잡지로부터 주제에 대한 그림 수집
- 현재의 쓰기 과제에 대한 개략적인 초안 작성
- 여러 가지 활동에 대한 체크리스트 완수

학급이 동시에 다양한 활동을 수행할 수 있게 되면, 학생들의 발달 능력에 근거하여 정착 활동을 복합적으로 전개할 수 있다. 정착 활동은 깊이와 복잡성을 몇 가지 수준으로 단계화할 수 있다. 다음과 같은 사전 계획은 교사들이 유용한 맞춤형 전략일 뿐만 아니라 강력한 학습 활동이기도 한 훌륭한 정착 활동을 창안하는 데 도움을 준다.

- 어떤 지표와 성과, 기준 또는 개념을 강조할 것인가?
- 학생들이 무엇을 독립적으로 완수하기를 기대하는가?
- 활동이 집단 프로젝트의 일부인가?
- 다양한 능력 수준을 반영하기 위해 활동을 어떻게 맞춤형이나 단계별로 할 것인가?
- 모든 학생이 과제 수행방법을 이해하도록 하기 위해서 어떤 수업을 해야 하는가?

- 불규칙적인 (여분의) 시간에 활동할 수 있는 프로젝트의 측면이 있는가?
- 활동을 완수하고 독립적인 활동을 하는 데 어떤 자료가 필요한가?
- 과제의 어떤 부분을 집에서 수행할 수 있는가?

정착 활동은 바쁘기만 하고 쓸모는 없는 활동이 아니다. 따라서 정착 활동을 신중하게 심사숙고해야 한다. 모든 학생이 기본 과제를 완수할 수 있도록 수업 시간을 얼마나 배정할지 숙고하라. 일찍 마치는 학생들은 자연스럽게 본 과제에 집중할 시간이 더 많아진다. 따라서 이들이 활동을 완수할 때 더 높은 기대 수준이 적용되어야 한다. 정착 활동을 효과적으로 조직하기 위해 다음과 같은 질문을 숙고하라.

- 모든 학생이 과제를 수행할 시간을 언제 제공할 것인가?
- 학생들이 어떤 다른 기회를 활용할 수 있는가?
- 활동이 어느 시점에 전체적으로 완수되어야 하는가?
- 어떤 종류의 기준점이나 체크포인트가 실행되어야 하는가?
- 어떤 방법의 지속적인 평가를 활용하여 활동을 수행하는 도중에 학생들이 피드백을 받게 할 수 있는가?
- 활동이 성적으로서의 가치가 있는가?
- 최종 평가를 위한 준거는 무엇인가? 루브릭인가?
- 계약이나 체크리스트가 독립적인 활동을 고무하는 데 도움이 되는가?
- 학생들이 도움이 필요하거나 활동을 종료하거나 기다릴 때 어떤 절차가 필요한가?

지속적인 정착 활동

지속적인 정착 활동은 학생들이 활동을 마칠 때 갈 수 있는 센터나 스테이션에서 이루어진다. 일부 교실은 활동이 끝나면 모든 것을 멈추고 독서를 하거나(Drop

Everything and Read: DEAR), 끝내야 할 활동을 완수해야 하는 규약을 가지고 있다. 학생들이 활동을 마칠 때 수행할 수 있는 공부 도구(study kit)나 프로그램 또는 컴퓨터 과제를 제공할 수도 있다.

모두가 수행하는 활동

일부 정착 활동은 모두가 동일한 기본 과제를 가지고 있다. 모든 학생이 과제를 완수해야 한다. 과제를 수행하는 것이 필요조건이다. 교실에 있는 서로 다른 수준의 학생들이 서로 다른 완성 요건을 갖도록 정착 활동을 단계화할 수 있다. 모든 학생에게 포스터나 브로슈어를 배정할 수 있다.

필수 사항 …… 선택 사항

일부 교실에서는 학생들이 반드시 해야 할 과제를 마칠 때, 정착 활동을 선택하게 할 수 있다. 서로 다른 학습 선호도와 산출물을 반영하여 몇 가지 유형의 활동이 제공된다. 스트레스와 불안을 줄이기 위해 처음에는 선택안의 수를 제한하라.

집단 프로젝트

소집단 학생들에게 프로젝트나 모델, 프레젠테이션 또는 다른 더 큰 과제를 배정할 수 있다. (항상 균등하게 할 것이 아니라) 개별 학생의 장점과 재능에 근거하여 임무와 책임을 나누어 공평하게 분배해야 한다. 집단의 구성원들은 독립적으로 완수할 수 있는 프로젝트의 역할을 맡아야 한다. 만약 학생이 자신의 책임을 마치고 프로젝트 활동을 할 시간이 있으면, 집단의 나머지 구성원이 활동을 시작할 때까지 기다릴 필요가 없다. 집단 체크리스트가 유용하다. 평정 절차는 과제를 시작할 때 제시해야 한다.

학습 축하하기

단원을 재미있게 마무리하는 한 가지 훌륭한 방법은 전체 학급이 종결 활동 (culminating activity)을 계획하고 가족이나 다른 학생 또는 지역사회 인사들을 청중으로 초대하는 것이다. 이러한 학습 축하(learning celebration)는 학생들의 활동을 전시하는 박람회나 페스티벌, 전시회, 저자의 밤 또는 박물관의 형태가 될 수도 있다. 모든 학생은 개별적인 책임을 지고 있을 뿐만 아니라 집단 프로젝트에 포함되는 과제도 맡고 있다. 정착 활동과 종결 프로젝트는 한 가지로 동일하다.

시뮬레이션

학급 전체 시뮬레이션은 단원을 이수하는 동안 학생들이 과제를 계속 창안하게 하는 흥미 있는 방법이다. 모의재판이나 선거 또는 토론은 학생들이 역할극을 수행하고 종결 이벤트를 계획하도록 도와준다. Interact Simulations(www.interact-simulations.com)는 사회 문제 연구와 역사에 초점을 둔 다량의 시뮬레이션을 보유하고 있다. 이러한 시뮬레이션은 시간이 많이 소요되지만, 이를 통해 학생들이 실제로 많은 것을 배울 수 있다.

시뮬레이션은 흔히 온라인으로 수행된다. 만약 테크놀로지를 이용할 수 있다면, 학생들은 가상 프로젝트에 참여하여 이를 온라인으로 수행할 수 있다. ExploreLearning(www.explorelearning.com)은 (3~12학년) 수학과 과학 분야의 온라인 활동을 위한 훌륭한 자원으로 'Gizmos'라는 가장 큰 상호작용 온라인 학습 시뮬레이션 도서관을 가지고 있다.

웹퀘스트

웹퀘스트(WebQuest)는 훌륭한 정착 활동을 제공하는 또 다른 웹 기반 프로젝트이다. 웹퀘스트는 학생들이 특정 주제나 사건에 대해 온라인으로 수행하는 탐구 프로젝트이다. 웹퀘스트는 샌디에이고 주립대학교의 Bernie Dodge가 1995년에 처음 개발하였다. 이제는 교사가 워드나 파워포인트 그리고 심지어 엑셀이나 상업용으로 설계된 프로그램을 활용하여 웹퀘스트를 창안할 수 있다. 웹퀘스트는 몇 가지 결정적인 속성을 지니고 있다. WebQuest.org(2007)에서는 웹퀘스트가 실제로 다음과 같은 속성을 지니고 있다고 진술하였다.

- 성인들이 시민이나 근로자로 행하는 것을 작은 규모로 이상적으로 압축하여 직접 수행할 수 있는 재미있는 과제를 포함하고 있다.
- 단순한 요약이 아니라 고차적인 사고를 요구한다. 종합, 분석, 문제 해결, 창의성과 판단을 요구한다.
- 웹을 유용하게 활용한다. 웹상의 실제 자원에 근거하지 않은 웹퀘스트는 아마도 전통적인 수업의 변장에 불과하다. (물론 웹퀘스트 내에서 책이나 다른 매체를 활용할 수 있다. 그러나 웹이 수업의 핵심이 아니면 웹퀘스트가 아니다.)
- 연구 보고서나 단계별 시나리오 또는 수학 절차가 아니다. 학생들에게 단순히 웹사이트를 정제하게 하거나 이를 제시하게 하는 것으로는 충분하지 않다.
- 일련의 단순한 웹 기반 경험만이 아니다. 학생들에게 이 페이지를 보게 한 다음, 이 게임을 하게 하고, 그런 다음 여기로 가서 자신의 이름을 고차적인 수준의 사고 기능을 요구하지 않는 비밀문자로 바꾸게 하는 것은 정의상 웹퀘스트가 아니다.

레지나 대학교 교육공학 그룹은 웹퀘스트를 위한 훌륭한 자원을 제공하고 있다 (www.educationaltechnology.ca/resourses). Quest Garden(http://questgarden.com)은 웹퀘스트 아이디어를 창안하고 공유하는 또 다른 자원이다.

맞춤형 수업의 기예를 낚시에 비유하는 것은 매우 설득력이 있다. 교사로서 우리는 대부분의 학생을 끌어들이기를 바라면서 자신이 가진 최고의 유혹 장치를 동원하여 수업을 준비한다. 학생들이 단순히 전략을 선호하지 않을 경우에는 미끼를 바

꿀 준비를 해야 한다. 우리가 학습 확장에 대해 이야기할 때는 모든 방향으로의 확장을 의미한다. 때로는 학습에 곤란을 겪는 학생들을 위해 장애물을 제거하고 과제를 조절할 필요가 있다. 측면 심화로 학습을 증진시킬 수 있는 가능성을 확장하여 많은 학생의 기대치를 높이는 방안을 고려하라.

요약

계층별 수업설계   한 가지 사이즈로 모두에게 맞추고자 하는 교육과정 설계 접근은 중간 수준의 학생들에게는 맞을지 모른다. 하지만 학습에 곤란을 겪는 학생들과 영어 학습자 그리고 특별한 요구를 지닌 학생들의 요구를 충족할 수 없다. 계층별 수업 계획은 교사들이 학습을 다양한 수준에서 구조화하여 동일한 수업 시간에 서로 다른 과제를 배정한다. 모든 학생에게 동일한 개념이나 기능을 학습하도록 기대한다. 그러나 서로 다른 방법과 활동 그리고 자료를 통해 접근할 수 있다.

- 준비도에 따른 계층: 152쪽
- 계층별 수업 사례: 157쪽
- 적응과 조절 및 변경: 158쪽
- 점프 스타트: 160쪽

학생의 흥미와 학습 선호에 따른 과제 조직   학생들의 흥미와 학습 선호를 이용하기 위해, 일부 활동을 학생들이 구체적인 과제를 수행하도록 하는 소집단으로 편성할 수 있다. 학생들이 주제나 과제 또는 센터 활동을 선택하도록 허용하면, 자기존중감과 권한 부여 의식을 강화할 수 있다.

- 선택 센터: 163쪽
- 네 코너: 164쪽

- 직소: 165쪽

깊이와 복잡성 추가　유능한 학생들이 학습에 계속 전념하도록 하기 위해, 측면으로 사고할 수 있는 기회를 창안하고 일상적인 과제를 깊이와 복잡성을 더 강화하여 접근할 수 있게 하라.
- 측면 심화: 167쪽
- 고차적인 사고 기능: 170쪽
- 깊이와 복잡성 아이콘 도구: 172쪽
- 여분의 시간을 위한 정착 활동: 175쪽
- 웹퀘스트: 180쪽

CHAPTER 06

학습 평가하기

> 빈번한 형성평가와 교정적 피드백은 장기기억을 촉진하는 강력한
> 도구이자, 추론과 분석의 실행 기능을 개발하는 강력한 도구이다. 평
> 가를 자주하면 교사들에게 수업을 하는 동안 학생들의 매 순간 이해
> 여부에 대한 정보를 제공해 준다.
>
> — Judy Willis

오늘날과 같은 고부담 환경 속에서, 교사들은 모든 학생이 성공할 수 있도록 도와
주기 위해 열심히 노력하고 있다. 학생들의 성공을 증진시켜 국제 수학·과학 성취
도 추세 연구(Trends in International Mathematics and Science Study: TIMSS)와 같은 국
제 비교에서 좋은 결과를 얻고자 하는 압력이 크다. 학생들의 두뇌가 다음과 같은 점
에서 서로 차이가 있기 때문에 학생들의 성공을 위해서는 맞춤형 수업이 필요하다.

- 학생들의 사전지식과 경험
- 학생들의 흥미와 선호도

• 학생들이 새로운 개념을 완전히 이해하는 비율

• 숙달에 도달하는 데 필요한 시연의 수

우리는 맞춤형 수업의 필요성을 인지하고 있다. 그러나 맞춤형 수업이 평가의 실제에 주는 의미는 무엇인가? 학생들이 개인차가 있어서 서로 다른 요구를 가지고 있다면, 학습 속도에 대해 벌칙을 가하지 않고 시간이 더 소요되더라도 다양한 방식으로 이해나 숙달을 실증할 수 있도록 해 주어야 한다. 학생의 학습 정도를 정확하게 평가하기 위해서는 실제적인 성취와 충실한 결과물 그리고 창의적인 수행에 초점을 둔 평가가 이루어져야 한다. 평가는 두뇌가 어떻게 하면 가장 잘 학습하는지와 조화를 이루어야 한다.

기준과 평가를 강조해 온 교육자들은 모든 학습자가 성공할 수 있도록 보장하는 것이 교사의 역할이라고 보고하였다(Wiggins, 1998; Stiggins, 2001; Earl, 2003; Reeves, 2008). 평가는 수업을 안내하고 교수 · 학습 과정에서 교사와 학생들에게 자신들이 어디에 있는지에 대한 정보를 제공해 준다. 이장에서 우리는 평가와 관련된 언어와 전문용어를 포함해서 평가의 본질과 평가가 학습에 미치는 영향을 탐구하고자 한다.

 몇 가지 용어 정의

교육자들이 교수 · 학습과 관련된 문제에 대해 논의할 때 용어를 명료히 하는 것이 중요하다. 일상 수업에 대한 정보를 얻기 위해 다양한 형태의 평가를 지속적으로 활용할 수 있다.

평가(assessment)라는 용어는 라틴어에서 유래되었다. assess는 '곁에 앉다(to sit beside)'를 의미한다. 과세 평가자들(tax assessors)은 시민들 곁에 앉아서 세금을 부과한다. 학생들과 학생들의 활동에 대한 평가는 다양한 방법으로 학생들 '곁에 앉는' 과정이다.

사전평가(preassessment): 수업설계 과정에 대한 데이터를 얻기 위해 학습 단원이 시작되기 전에 실시하는 평가. 준비도, 사전지식과 경험, 흥미 그리고 학습 프로파일에 관한 정보를 얻기 위해 다양하고 신속한 사전평가 기법을 활용할 수 있다.

형성평가(formative assessment): 학생들이 기준을 향해 진전하고 있음을 확실하게 이해하는 데 필요한 지속적인 점검. 이러한 유형의 평가는 학습이 진행되는 동안 이루어진다. 형성평가는 다음 단계에 대한 정보와 학습 과정에서 이루어지는 개선에 대한 정보를 제공해 준다. 형성평가는 또한 평가 과정에 학생을 참여시킨다.

총괄평가(summative assessment): 최종 성적을 매기기 위해 학습 시간이 종료된 후에 실시하는 평가. 총괄평가는 학생들이 획득한 숙달의 수준을 실증한다. 따라서 교사는 역량이나 기대와 관련된 학습에 가중치를 두고 성적을 매긴다.

평가를 위한 지침

교사들이 평가에 대해 생각할 때 참고해야 할 지침은 다음과 같다.

- 교사들은 수업이나 학습 단원에서 표적이 되는 성과/기준/기대에 대해 명료히 해야 한다. 학습 여정을 시작하기 전에 목적지를 아는 것이 중요하다.
- 이러한 성과/기준/기대를 학생들과 공유해야 한다. 학생들이 자신이 어디를 향해 나아가야 하는지를 명료하게 알면, 성공할 수 있는 가능성이 훨씬 더 높아진다.
- 평가는 목표로 설정한 기준을 측정한다. 이는 새삼 언급할 필요가 없는 것처럼 보이지만, 여전히 많은 과제물이 기준을 향한 성장에 대한 정보는 제공하지 않고 성적기록부에 성적만 제공하고 있다.
- 피드백은 학생들의 지속적인 성장을 촉진하는 데 구체적인 정보를 제공해 주고 적시에 도움을 준다. 두뇌는 피드백에 의존하여 연계를 강화하고, 때로는 이해한 내용이나 개념을 교정한다. 구체적인 피드백은 두뇌에 무엇을 저장하

고 무엇을 버릴지를 알려 준다. 피드백은 명료화나 기능 개발 과정에서 다음
단계에 대한 정보를 제공해 준다.
- 평가는 교사와 학생 모두에게 노력에 대한 정보를 제공해 준다.
- 형성평가를 통해 획득한 데이터는 수업을 개선하는 데 활용된다.
- 맞춤형 교실에서는 지속적으로 데이터를 수집하고 활용하여 학습을 계속해서
  조절하고 재설계하는 것이 중요하다.

학생 이해하기

우리가 학생들의 독특함에 대응하려고 하면 학생들을 잘 이해할 필요가 있다. 학
생들은 자신이 하는 선택을 통해 자신의 성격과 흥미 그리고 선호도를 드러낸다. 이
러한 데이터는 명시적인 설문조사와 검사를 통해 수집할 수 있다. 구글(Google)이
나 빙(Bing)에서 '다중지능 검사 또는 설문조사'를 검색하면, 교실에서 활용할 수 있
는 자원을 제공하는 웹사이트를 찾을 수 있다. 온라인 설문조사도 즉각적인 피드백
과 프로파일을 제공해 준다. 마찬가지로 학습 양식과 선호도를 평가할 수 있는 사이
트들도 있다.
학생들을 이해하는 데 유용한 일부 사이트를 소개하면 다음과 같다.

- Lumosity: www.lumosity.com
- Multiple Intelligences for Adult Literacy and Education: http://literacyworks.
  org/mi/home.html
- Concept to Classroom: www.thirteen.org/edonline/concept2class/mi/index.
  html

특정 교과 영역의 설문조사는 교사들이 자신이 맡고 있는 학생들의 흥미와 사전

지식, 선호도, 기능, 관심, 자기인식 그리고 기대를 이해하는 데 도움을 준다. 교사들은 이러한 정보를 통해 학생들의 프로파일에 적합한 학습 경험을 창출하여 학생들의 요구와 선호도에 더 주의를 기울일 수 있다. 수학 설문조사 문항의 사례는 다음과 같다.

- 나는 _____ 때문에 이 코스를 이수하고 있다.
- 나는 수학에서 _____하는 것을 즐긴다.
- 나는 _____에 대해 걱정하고 있다.
- 나는 _____할 때 가장 잘 학습한다.
- 내가 하고자 하는 한 가지 요청은 _____이다.

학생들이 'PMI(plus, minus and interesting: 장점, 단점, 흥미로운 점)' 카드를 활용하여 학습에 반응하도록 하면, 학습 경험의 즐거움에 대한 피드백을 제공할 수 있다.

- 플러스(장점: 내가 즐긴 것)
- 마이너스(단점: 오늘 내가 잘 하지 못한 것)
- 흥미로운 점('아하' 하는 순간 또는 흥미의 연결)

사전평가

사전평가는 학습 과정에 앞서 교사들에게 다음과 같은 정보를 제공해 준다.

- 학생들이 이미 알고 있는 것이 무엇인가
- 어떤 오개념이 존재하는가
- 집단 편성을 어떻게 하는 것이 적합한가

- 학생들이 어떤 흥미를 가지고 있는가
- 학생들 간에 어떤 격차가 존재하는가

사전평가는 새로운 개념이나 단원 또는 기능을 가르치기 전에 실시할 수 있다. 교사가 사전평가 도구를 통해 수집한 데이터를 학습 경험을 계획하기 위해 활용할 수 있다. 사전평가 데이터를 통해 교사가 학생의 배경이나 사전지식을 알 수 있기 때문에, 알고 있는 내용을 다시 반복하지 않아도 된다. 사전평가를 통해 오개념도 확인할 수 있고, 학생들의 흥미를 단원에 반영할 수도 있다.

우리는 신기성과 흥미 그리고 의미가 두뇌의 관심을 끈다는 사실을 알고 있다. 우리는 사전평가 정보를 활용하여 이들 세 가지 핵심 요인을 파악할 수 있다. 학생들이 새로운 학습에 가져오는 세부 지식 또는 전문 지식의 정도 역시 준비도를 활용하여 학생들의 집단을 편성할 수 있도록 해 준다. 그리고 기능 수준을 조금 초과하는 도전으로 '몰입' 환경을 제공하여 학생들이 자신의 사고와 기능을 확장하여 성공할 수 있다고 믿게 해 준다.

사전평가가 투자한 시간에 비해 가치가 없을 수도 있는 것처럼 보일 수 있지만, 수업을 더 정확하고 구체적으로 계획할 수 있게 해 주기 때문에 실제적으로 시간을 줄여 준다. 사전평가를 위한 몇 가지 빠르면서도 적은 노력으로 준비할 수 있는 전략들이 있다.

3-2-1 카드

적은 노력으로 준비할 수 있는 한 가지 사전평가는 학습 단원이 시작되기 한 주 전에 학생들이 3-2-1 카드를 채우도록 하여 다음과 같은 정보를 파악하는 것이다.

- 주제에 대해 자신이 알고 있는 3가지
- 자신이 가지고 있는 질문 2가지

• 자신이 하고자 하는 1가지 제안이나 요청

3-2-1 카드는 형식적이거나 인쇄된 카드가 아니어도 된다. 포스트잇으로도 충분히 가능하다.

3-2-1 카드의 또 다른 변형은 다음과 같다.

• 자신이 탐구하고 싶은 3가지
• 자신이 함께 활동하고 싶은 2사람
• 자신이 가지고 있는 질문 1가지

수업 시작 때 지난 수업과 연계하기 위해 지금 해야 할 과제로 3-2-1 카드를 활용할 수도 있다.

• 자신이 ~에 대해 기억하고 있는 3가지
• 지난 수업과 연계되는 2가지
• 자신이 아직 가지고 있는 질문 1가지

K-W-L

K-W-L(Ogle, 1986)은 학생들이 어떤 선행지식과 흥미를 가지고 있는지를 확인하는 또 다른 빠르고 쉬운 사전평가 방안이다. K(know)는 학생들이 주제에 대해 알고 있는 것, W(want)는 학생들이 알고 싶어 하거나 궁금해하는 것, L(learned)은 학생들이 학습한 것을 의미한다(〈표 6-1〉 참조).

개인의 K-W-L이 학급이나 집단의 K-W-L보다 더 유용하다. 개별 학생이 무엇을 알고 있고 무엇을 알고 싶어 하는지를 알려 주기 때문이다. 〈표 6-1〉과 같은 3칸으로 구성된 조그만 종이쪽지만으로도 개별적으로 사전평가를 할 수 있다. 교사들

〈표 6-1〉 K-W-L

K 내가 알고 있는 것	W 내가 알고 싶어 하거나 궁금해하는 것	L 내가 학습한 것

은 학생들이 주제에 대해 이미 알고 있는 것과 학생들이 가지고 있는 오개념 그리고 학생들이 어떤 주제에 관심을 가지고 있는지를 알 수 있다.

T-차트

T-차트는 특정 준거를 제목으로 하는 2칸으로 구성된 T 자형 차트이다. T-차트의 예는 〈표 6-2〉와 같다.

매번 동일한 전략을 사용하면 학생들이 지루해한다. 따라서 사전평가를 다양하게 하는 것이 가장 좋다.

〈표 6-2〉 T-차트 사전평가

_____에 대해 내가 알고 있는 것	내가 가진 질문

형성평가

우리가 학생들에게 "잘 이해하고 있니?"라고 묻고 학생들이 고개를 끄덕이는 것으로 이해 여부를 확인하던 시절은 지났다. 학생들이 이해했는지 이해하지 못했는지를 확인하는 구체적인 증거가 필요하다. 맞춤형 수업은 모든 학생이 이해하도록 하는 데 초점을 둔다. 학생들이 이해하도록 하기 위해서는 다른 날 다른 방법을 동원할 수도 있다. 자동차처럼 윤활유가 충분한지 확인하기 위해 계속 점검해야 한다. 우리는 교실에서 한 가지 계량봉만을 가지고 있는 것은 아니다. 우리는 학생들의 이해 여부를 점검할 수 있는 다양한 방법을 가지고 있다. 수업 시간은 물론 하루 내내 이해 정도를 자주 점검해야 한다.

이해 여부를 점검한 후에, 무엇이 필요하고 누구에게 필요한지를 결정해야 한다. 어떤 학생들은 심층적으로 이해하고 있거나 기능 수준에 도달했기 때문에 도전적인 무언가를 필요로 한다는 것을 발견할 수도 있다. 어떤 학생들은 일반적인 이해 수준을 가지고 있어 더 많은 시연이 필요하고, 또 다른 집단은 잘 이해하지 못하여 다른 접근을 하거나 다시 가르칠 할 필요가 있다.

3-2-1 카드는 교사가 학생들이 학습 과정에서 지금 현재 어느 시점에 있는지에 대한 정보를 얻는 데 활용할 수 있다. 네 코너는 학생들의 숙달도 정도를 평가하는 데 활용할 수 있다. 이해 여부를 점검하는 평가는 그것이 어떤 형식의 평가든 간에 학습을 계획하는 데 유용하다.

피드백은 챔피언의 아침이다

다음과 같은 매우 친숙한 시나리오를 생각해 보라. 한 여학생이 주말에 학교를 마치고 집으로 와서 가족들에게 에세이 시험에서 B를 받았다고 말했다. 학생은 마음이 상했고 더 잘하기를 원했다. 그녀의 부모가 딸이 더 잘할 수 있도록 하기 위해 교사가 무엇을 어떻게 하라고 제안했는지 물었다. 학생은 아무런 제안도 없이 시험지 위에 단지 B만 적혀 있었다고 말했다.

사람들은 점수 때문에 더 나아지는 것이 아니다. 피드백 때문에 더 나아진다. 학생들은 구체적이고 암시적인 피드백의 활용과 대기 시간을 통해 개선된다(Black,

Harrison, Lee, Marshall, & Wiliam, 2004; Black & Wiliam, 2009). 새로운 기능이나 내용/개념을 배우는 사람들은 누구든지 유능하고 역량을 갖추기 위해 잘 수행된 과제에 대한 긍정적인 피드백과 학습해야 할 과제에 대한 교정적인 피드백이 필요하다. 코치가 운동 경기에 점수를 주는 것은 아니다. 코치는 좋은 점들을 지적하고 다음 경기를 위해 긍정적이고 교정적·지시적인 방식으로 제안을 해 준다. 대부분의 학습자는 도움과 지원과 제안을 받아 개선하고 성공하기 위해 노력하고 이를 통해 더 잘할 수 있다.

피드백이 두뇌가 수상돌기 연결과 패턴을 미세하게 조정하는 것을 도와준다는 사실을 감안하면 이 모든 것이 이해가 된다. 피드백이 없으면, 수상돌기가 잘못 연결될 수 있고 시간이 지남에 따라 '누적된 무지(cumulative ignorance)'를 초래할 수 있다. 두뇌는 도전을 받으면 활성화되고 위협을 받으면 억제된다(Caine & Caine, 1997; Csikszentmihalyi, 1990). 두뇌가 계속 성장하게 하기 위해서는 안전과 긍정적인 피드백 그리고 격려가 필요하다. 우리는 두뇌의 주된 목적이 생존에 있으며, 두뇌가 중요한 정보에 주의를 기울이고 여기에 집중하여 반응한다는 사실을 잘 알고 있다. 새롭고 수행 가능한 과제가 근접발달영역에 있으면 두뇌가 이를 흔쾌히 받아들일 수 있다. 학생들이 상황을 충분히 다룰 수 있다고 믿고 그들이 필요로 하는 코칭과 긍정적인 피드백을 받을 수 있다면, 학생들의 두뇌는 기억 과정을 돕는 쾌락 신경전달물질인 도파민을 방출한다(Storm & Tecott, 2005). 인내심도 이러한 도파민 방출로부터 발휘되어 학생들의 내재적 동기유발을 도와서 과제를 계속 수행하게 한다(Gee, 2007). 두뇌는 도전에 반응한다. 구체적인 피드백이 주어지면, 두뇌는 의도와 목적을 형성하여 집중력과 지속성을 발휘하여 이를 성취할 수 있다(Haynes et al., 2007).

효과적인 피드백은 다음과 같은 두 가지 중요한 측면을 가지고 있다.

① **인지적 요인**　　좋은 피드백은 학생들이 학습 과정에서 어디에 위치해 있으며 다음에 무엇을 해야 할지를 알려 준다.

② **동기유발 요인**　　무엇을 왜 해야 하는지를 이해하면, 대부분의 학생은 자신의

학습을 스스로 통제할 수 있다는 느낌을 개발하게 된다.

Paul Black과 Dylan Wiliam(2009)의 연구는 과제에 대한 점수와 피드백이 동시에 주어지면, 학생은 점수(자신의 순위)에 더 많은 주의를 기울이고 피드백에 언급된 제안은 무시한다고 지적하였다. 그러나 점수를 제시하지 않는 피드백은 학생이 후속 노력을 계속 하도록 유도하였다. 이는 '피드포워드(feedforward)' 메커니즘이 작용한 것으로 보인다. 이러한 피드백 과정이 교사에 의해서만 이루어진다면 시간이 매우 많이 소요될 수 있다. 이런 지시적인 비평 과정은 학생들이 비판적인 자기반성적 학습자가 되도록 돕지 못한다. 따라서 학생들은 루브릭이나 준거 그리고 일지와 저널을 포함한 메타인지 전략을 활용하여 동료 대 동료 그리고 자기평가를 통해 활동의 질을 높이는 비평가가 되어야 한다.

Marc Prensky(2010)는 교육자들이 테크놀로지 자원을 활용하여 즉각적인 피드백을 제공하는 기회를 조직할 것을 권장하고 있다. 예를 들어, 실제 관객들이 볼 수 있도록 웹상에 글과 비디오 등의 자료를 올리면 훌륭한 반응과 피드백을 제공할 수 있다. 학생들이 다른 학생들의 활동을 볼 수 있게 되면, 자신의 성공과 진전을 측정할 수 있는 틀을 제공해 준다. 동료 교정(peer editing)과 루브릭 역시 피드백과 개선 과정을 위한 가치 있는 도구이다.

동료 교정

앞서 언급한 것처럼, 평가(assessment)는 '곁에 앉다(to sit beside)'라는 라틴어에서 유래되었다. 교사가 학생 곁에 앉아서 피드백을 줄 수 있는 유일한 존재는 아니다. 다른 학생들도 활동의 질을 비평하고 피드백을 주는 데 도움을 줄 수 있다. 학생들이 장점을 칭찬하고 유용한 제안을 하는 방법을 배울 수 있다. 학생들이 결과물을 준거나 루브릭과 비교하면서 양질의 활동에 대한 자신의 이해를 심화할 수 있다. 대화와 피드백은 상대방 학생 모두가 자신의 결과물과 수행 또는 과제를 개선하는 데 도움을 준다.

루브릭

목표가 명료하게 설정되어 있다면, 루브릭(rubrics)은 학생들에게 목표에 도달할 수 있는 더 좋은 기회를 제공해 주는 훌륭한 자원이다. 잘 구성된 루브릭은 "교사가 학생들에게 자신이 무엇을 학습하고 있으며, 얼마나 잘 진행하고 있고, 개선해야 할 것이 무엇인지에 대한 피드백을 제공하는 방안을 제시한다. 채점 가이드로 활용되는 루브릭은 주로 1에서 4 척도로 수행의 수준을 설명해 주기 때문에, 학생들이 학습에 초점을 두도록 도와준다."(Westerberg, 2009)

루브릭은 다음과 같은 여러 목적을 지니고 있다.

- 루브릭은 과제에서 무엇을 기대하는지를 분명하게 보여 준다. 루브릭은 명확하고 상세한 준거와 지표를 제공하기 때문에 학생들이 활동을 시도하기 전에 무엇을 기대하고 무엇이 중요하고 무엇을 평가하는지를 알 수 있게 한다. 대충 아는 것은 통하지 않는다.
- 루브릭은 학생들이 프로젝트나 활동의 중요한 측면을 확인하고 수행하도록 하는 가이드로서의 역할을 수행한다. 학생들은 활동을 진행하면서 스스로 점검할 수 있다. 이를 통해 학생들은 자신의 활동을 지속적으로 개선할 수 있다.
- 루브릭은 또한 기준에 기초하여 최종 결과물에 점수를 매기는 채점 가이드로 활용할 수 있다. 중요한 요소에 더 많은 가중치를 부여할 수 있다.
- 학생들은 최종 결과물을 반성하고 다음에 개선이 필요한 준거에 주의를 기울일 수 있다. 포트폴리오와 일지나 저널은 이러한 측면을 평가하는 데 소중한 도구이다. 개인적인 목표를 설정하는 것은 평생 동안 유용한 기능이다. 개선이 필요한 것과 숙달된 것을 명확히 하는 것은 학생들의 사고에 명료성을 더해 주고 자기주도적으로 학습할 수 있도록 도와준다.

RubiStar(http://rubistar.4teachers.org)는 루브릭 구성을 위한 훌륭한 웹사이트이다. 집단 탐구를 위한 루브릭은 〈표 6-3〉에 제시되어 있다.

양질의 루브릭을 설계하기 위해서는 다음 사항을 고려하라.

- 루브릭이 교사가 평가하고자 하는 것을 평가하는가?
- 루브릭이 학생들에게 명료하고 이해할 수 있는가?
- (루브릭을 활용한) 학생의 자기평가가 교사가 수업을 계획하는 데 어떻게 도움이 되는가?

학생들이 자신의 프로젝트나 과제에 대한 루브릭을 구성하는 과정에서 나름대로 역할을 수행할 수 있다면, 중요한 준거를 더 잘 내면화할 수 있다는 사실을 명심하라.

〈표 6-3〉 집단 탐구 루브릭

범주	4	3	2	1
연구 문제	• 수행해야 할 세 가지 또는 그 이상의 통찰력 있고 합리적이고 창의적인 문제를 독자적으로 확인	• 수행해야 할 세 가지 또는 그 이상의 합리적인 문제를 독자적으로 확인	• 약간의 도움을 받아 수행해야 할 세 가지 또는 그 이상의 합리적인 문제를 확인	• 상당한 도움을 받아 수행해야 할 세 가지 또는 그 이상의 합리적인 문제를 확인
정보 조직을 위한 계획	• 정보가 수집되었을 때와 최종 연구 결과물에서 정보를 조직하기 위한 명료한 계획 • 모든 학생이 연구 결과를 계획적으로 조직하는 것을 독자적으로 설명할 수 있음.	• 최종 연구 결과물에서 정보를 조직하기 위한 명료한 계획 • 모든 학생이 이러한 계획을 독자적으로 설명할 수 있음.	• 정보가 수집되었을 때 이를 조직하기 위한 명료한 계획 • 모든 학생이 이러한 계획의 대부분을 독자적으로 설명할 수 있음.	• 정보를 조직하기 위한 명료한 계획이 없고, 이 집단에 속한 학생들이 자신들의 조직적인 계획을 설명할 수 없음.

자원의 질	• 각 문제에 대해 적어도 두 가지 신뢰성 있고 재미있는 정보 자원을 독자적으로 발견	• 각 문제에 대해 적어도 두 가지 신뢰성 있는 정보 자원을 독자적으로 발견	• 약간의 도움을 받아 각 문제에 대해 적어도 두 가지 신뢰성 있는 정보 자원을 발견	• 많은 도움을 받아 각 문제에 대해 적어도 두 가지 신뢰성 있는 정보 자원을 발견
책임감 위임	• 집단에 있는 각 학생이 집단에 어떤 정보가 필요하며, 자신이 어떤 정보를 발견할 책임이 있고, 정보가 언제 필요한지를 명료하게 설명할 수 있음.	• 집단에 있는 각 학생이 자신이 어떤 정보를 발견할 책임이 있는지를 명료하게 설명할 수 있음.	• 집단에 있는 각 학생이 동료들로부터 최소한의 지원을 받아 자신이 어떤 정보를 발견할 책임이 있는지를 명료하게 설명할 수 있음.	• 집단에 있는 한 명 이상의 학생이 자신이 어떤 정보를 발견할 책임이 있는지를 명료하게 설명할 수 없음.
집단 시간 계획	• (계획, 연구, 초안, 최종안 등과 같은) 활동의 서로 다른 부분을 언제 수행해야 할지를 기술하는 합리적이고 철저한 시간 계획을 독자적으로 개발 • 집단에 있는 모든 학생이 시간 계획의 중요한 점들을 독자적으로 기술할 수 있음.	• 활동의 대부분을 언제 수행해야 할지를 기술하는 시간 계획을 독자적으로 개발 • 집단에 있는 모든 학생이 시간 계획의 중요한 점들을 독자적으로 기술할 수 있음.	• 활동의 대부분을 언제 수행해야 할지를 기술하는 시간 계획을 독자적으로 개발 • 대부분의 학생이 시간 계획의 중요한 점들을 독자적으로 기술할 수 있음.	• 집단이 시간 계획을 개발하는데 성인의 도움이 필요 • 집단에 있는 몇몇 학생이 시간 계획의 중요한 점들을 독자적으로 기술할 수 없음.

조절 가능한 기회

　교사들은 수업과 단원을 미리 계획하여 계획한 대로 진행한다. 그러나 학생들이 새로운 정보나 기능을 얼마나 쉽게 또는 얼마나 어렵게 학습하는지에 따라 상황이 달라진다. 교사들은 수업시간 중에 학생의 진보와 숙달에 대한 데이터를 수집할 수 있는 기회를 반영해야 한다. 우리는 이것을 '조절 기회(adjustment opportunity)'를 창안하는 것이라 부른다([그림 6-1] 참조).

교사가 피드백 정보를 수집하여 전체 집단을 다시 가르치거나 집단을 나누거나 또는 전체 집단을 이동하는 결정을 할 수도 있다. 과정은 다양하다. 다음은 그중 하나의 시나리오이다.

① 수업에 앞서 사전평가를 하거나 데이터를 수집하라. 수업 시작 며칠 전에 3-2-1 카드를 활용하여 학생들의 현재 위치를 인식하게 할 수 있다.

② 전체 집단 수업—모든 학생을 대상으로 한 능숙하고 매력적인 직접 수업—을 실시하라.

③ 이해를 촉진하기 위해 모든 학생이 과제에 참여하도록 하라. 개별이나 파트너 또는 소집단으로 과제를 수행할 수도 있다.

④ 누가 다음 단계로 나아갈 준비가 되어 있고, 누가 더 많은 시간을 필요로 하는지를 결정하라.

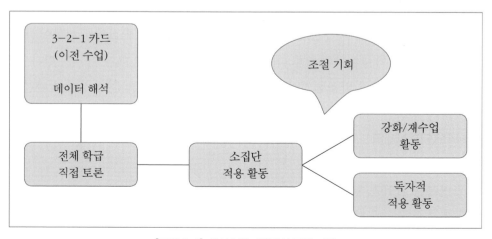

[그림 6-1] 차시수업 계열에서 조절 기회

학생들은 자신의 이해 정도를 다음과 같이 스스로 평가할 수 있다. "네가 어떤 난 관에 빠져 있다면, 빨리 점프 스타트하기 위해 뒤 테이블에서 나를 만나라. 나는 네 가 더 잘할 수 있도록 도와줄 과제를 가지고 있다." 또는 아마도 "네가 과제를 벌써 완 수했다면, 이 과제는 너에게 매우 쉬운 과제이다. 너는 확장 활동을 할 준비가 되어 있다." 학생이 과제를 숙달하거나 완성했는지 여부를 결정하기 위한 루브릭도 있을 수 있다. 과제를 숙달하거나 완성했다면 확장 활동을 진행할 수 있다. 그렇지 않다면 집단을 다시 편성하여 반복해서 재수업을 받을 기회를 가질 수 있다.

이러한 활동을 조절 기회라 명명할 수 있다. 학생들의 집단을 다시 편성하여 교실 에서 두 가지 과제를 동시에 수행하도록 할 수 있다.

반복의 힘

두뇌 친화적 맞춤형 교실에서는, 과제를 반복하여 성공할 수 있는 두 번째 기회를 자주 제공하고 이를 학습 과정의 핵심 부분이 되도록 해야 한다. 학생이 과제를 부 정확하게 완성했음에도 불구하고 시기적절하게 다시 수행할 수 있는 기회가 주어 지지 않는다면, 그 학생의 두뇌가 잘못된 방법이나 잘못된 대답을 저장할 위험이 있 다. 반복(do-over)은 두뇌가 프로그램을 다시 만들어 교정이 확실하게 이루어질 수 있도록 해 준다. 학생들이 과제를 다시 수행하는 것에 반대할 때가 가끔씩 있다. 학 생들이 지겨워하거나 단조롭게 반복하는 것으로 간주하여 학습 과정에서 반복의 가치를 제대로 인식하지 못할 수도 있다. 학생들이 반복이 제공하는 다음과 같은 세 가지 측면을 이해하도록 도와주어야 한다.

① 반복은 기억을 촉진한다.
② 반복은 두뇌가 선호하는 정신적 스키마나 패턴을 개발하여 기억을 창출한다.
③ 반복은 개선을 촉진하고 학습을 정교하게 한다.

모든 유기체는 생존을 위해 다음과 같은 두 가지를 해야 한다.

> 유기체는 자신을 둘러싼 환경과 그들 자신에 관한 정보를 수집해야 한다(지각). 그리고 이러한 정보에 근거하여 자신에게 도움이 되는 방식으로 환경과 그들 자신을 조작해야 한다(행동). 행동의 결과로 유기체는 피드백, 즉 세상으로부터 새로운 정보를 받는다. 이러한 피드백은 유기체가 다음에 어떻게 행동해야 하는지에 대한 지침을 제공한다(Fuster, 2003: Caine & Caine, 2007에서 재인용).

간단히 말해서, 이것은 학습의 과정이다. 학습은 경험에 의존한다. 따라서 학생들이 한 가지 경험으로 숙달에 도달하지 못하면, 또 다른 경험이 필요하다. 늘 그러하듯이 시간이 절대적으로 중요하다. 따라서 우리가 새로운 내용과 기능을 처리하거나 탐구하는 유의미한 방법을 제공해 주어야 한다. 학생들이 한 번 이상 연습하고 반성하는 기회를 가지면, 다음과 같은 것들을 학습할 수 있다.

- 여러 가지 결과를 확인
- 유사성을 지적
- 패턴을 발견
- 아하 또는 모순된 사건 탐색
- 가설 검증과 수정
- 다음에 참고하기 위한 프로그램과 견본 그리고 스키마 창출

교사와 학생들은 평가를 학습의 측정기로 활용하는 방법을 학습할 수 있다. 교사와 동료로부터 그리고 자기반성을 통해 산출된 피드백을 활용하여 숙달을 위한 시연을 조절하는 방법을 학습할 수 있다. 이러한 평가는 학습 과정에서 정확성과 구체성을 확인하는 데 도움을 줄 뿐만 아니라 학생들이 메타인지 과정과 반성을 활용해서 평생 학습자가 되도록 도울 수 있다.

총괄평가

학습 경험을 마무리할 때, 교사들은 전체 학습 경험과 관련된 정보를 축적하기 위해서 최종 평가를 실시할 필요가 있다. 어떤 총괄평가(summative evaluation)는 내용의 결과에 더 적합할 수 있고 또 다른 총괄평가는 과정이나 기능에 더 적합할 수 있다(⟨표 6-4⟩ 참조).

⟨표 6-4⟩ 성과의 유형

내용 성과	과정 성과
프로젝트와 산출물 디오라마 모형 프로젝트 지도 연구 비디오 제작 포트폴리오	체크리스트 개별, 동료 집단 교사
지필검사 배합형 선택형 빈칸 채우기 에세이	관찰 비디오 집단 구성원 교사
수행 연설 프레젠테이션 시범 음악, 춤 공연 전시	일지 사실적 정보 반응에 대한 데이터 시간 관리 일지와 저널 개인적 반성 목표 설정 메타인지

　맞춤형 교실에서는 선택 기회를 제공하는 것이 중요한 구성 요소이다. 그러나 선택 기회와 더불어 명확한 목표가 필요하고 학생들에게는 최종 수행이나 전시 또는 프로젝트 준비를 안내해 줄 준거가 필요하다. 학생들이 산출할 결과물과 수행을 위한 선택 기회를 제공할 때, 교사들은 학생들이 시범 보일 창의성에 놀라게 될 것이다.

　각 과제에 대한 명확한 준거는 학생들이 점수나 최종 평가를 위해 과제를 제출하기 전에 자신의 활동을 스스로 평가하도록 도와준다. 과제를 시작할 때 학생들이 제기할 수 있는 다양한 질문에 대답하기 위해 자주 활용되는 다양한 과제에 대한 체크리스트를 창안하라. 체크리스트를 처음 준비하는 데는 시간과 노력이 필요하지만, 일단 체크리스트가 개발되면 여러 번 반복해서 활용할 수 있고 학생들의 독립심과 책임감을 고취할 수 있다.

　일상적으로 활용되는 총괄 과제에 꼭 반영되어야 할 것들을 결정하라. 각각에 대한 체크리스트를 창안하고 이를 색인 카드에 출력하라. 쉽게 이해할 수 있도록 그래픽과 아이콘을 포함할 수도 있다. 카드를 데크에 함께 모으라. 다음은 체크 데크를 변형해서 활용하는 방법이다.

- **변형 1**　　카드를 출력해서 비닐로 코팅하라. 각 카드의 모서리에 구멍을 뚫어 열쇠 고리로 함께 묶으라. 학생들이 참고할 수 있도록 고리로 데크에 매달라.

- **변형 2**　　(다른 과제에 대해 서로 다른 색깔로) 체크리스트를 여러 장 복사하라. 각 체크리스트를 복사한 것을 게시판에 부착된 포켓에 넣어 두라. 학생들이 체크리스트 복사본을 자신이 활동하는 과제에 부착할 수 있다.

체크리스트의 사례는 다음과 같다.

3단 브로슈어를 고안하라.
☐ 브로슈어를 깔끔하게 접으라.

☐ 모든 패널을 활용하라.

☐ 앞표지를 장식하고 제목을 명료하게 인쇄하라.

☐ 모든 스펠링을 체크하라.

☐ 모든 아이콘과 그래픽 그리고 삽화가 깔끔하고 컬러풀한지 확실히 하라.

☐ 정확한 사실과 세부 사항을 요구되는 수만큼 포함하라.

전시 포스터를 고안하라.

☐ 12×18인치 크기의 두꺼운 종이를 준비하라.

☐ 적어도 2인치 크기의 깔끔한 대문자로 제목을 만들라.

☐ 중요 항목을 고안하라.

☐ 컬러와 깔끔한 그래픽을 추가하라.

☐ 6피트 떨어져서도 쉽게 읽을 수 있는지 확인하라.

☐ 정확한 사실을 포함하라.

요약

평가의 정의　평가 관련 용어에 대한 명료성 제공

- 사전평가: 186쪽
- 형성평가: 187쪽
- 총괄평가: 187쪽

평가의 활용　평가를 활용하면 교사들이 더 정확하게 계획할 수 있도록 도와준다.

- 학생 이해하기: 188쪽
- 학습 전 사전평가: 189쪽
- 이해 여부 점검: 193쪽

평가의 유형   학생들의 사전지식과 흥미 그리고 선호도에 대한 정보를 수집하기
위한 저비용/고효율 전략

- 조사: 189쪽

- 3-2-1 카드: 190쪽

- K-W-L: 191쪽

- T-차트: 192쪽

피드백   피드백이 학생들의 학습에 미치는 가치 인식하기

- 루브릭: 196쪽

- 조절 가능한 기회: 198쪽

- 반복: 200쪽

- 체크리스트: 203쪽

CHAPTER **07**

생각은 크게, 시작은 작게

생각은 크게, 시작은 작게, 행동은 바로

- Barnabas Suebu

　훌륭한 교사는 두뇌와 최상의 연구실제 그리고 학생들의 개인차에 대해 자신이 알고 있는 모든 것을 활용한다. 그리고 학생들이 성공할 수 있는 다양한 기회를 창의적으로 계획한다. 교육자들은 21세기 학습자들의 다양한 개인차를 인정해야 한다. 21세기 학습자들은 테크놀로지를 일상적으로 활용하기 때문에 그들의 두뇌는 새롭고 독특한 방식으로 연결되어 있다. 우리가 학생들의 중요한 개인차를 고려한다면, 이러한 세대가 학교가 반드시 해야 할 것을 어떻게 변화시키는지를 이해할 수 있다. Don Tapscott(2009)는 자신의 저서 『디지털 네이티브(Grown Up Digital)』에서 21세기 학생들의 여덟 가지 차별적인 특성을 다음과 같이 제시하였다.

　1. 이들은 선택의 자유부터 표현의 자유에 이르기까지 자신이 하는 모든 것에서 자유
　　(freedom)를 원한다.

2. 이들은 사용자가 직접 정의하고(customize), 개별화하는 것을 좋아한다.

3. 이들은 면밀하게 조사하는 사람들(scrutinizers)이다.

4. 이들은 무엇을 구매하고 어디서 일할지를 결정할 때 기업의 진실성(corporate integrity)과 개방성(openness)을 추구한다.

5. N세대는 직장과 교육 그리고 사회생활에서 오락과 놀이(entertainment and play)를 즐긴다.

6. 이들은 협력(collaboration)과 관계(relationship)의 세대이다.

7. N세대는—비디오 게임에서뿐만 아니라—일상생활에서도 속도(speed)에 대한 요구를 가지고 있다.

8. 이들은 혁신적인 방식으로 협력하고 스스로 즐기고, 학습하고, 일하는 것을 추구하는…… 혁신가들(innovators)이다(pp. 34-36).

Tapscott는 우리가 21세기 학생들을 교육하기 위해 노력하고 있기 때문에 그들과 함께 무엇을 학습하고 그들로부터 무엇을 학습할 수 있는지를 찾아야 한다고 제안하였다.

교사로서 지금까지 자신이 학생들의 다양한 요구를 해결하려고 시도한 방법들을 축하하라. 새로운 전략들을 일부 추가하거나 지금까지 자신이 수행해 온 것들을 약간 변화시키라. 아기 걸음처럼 작게 시작하라. 새로운 아이디어를 한꺼번에 너무 많이 시도하려고 하면 교사 자신과 학생들이 좌절할 수 있다. 소수의 아이디어를 잘 수행하고 난 다음, 새로운 아이디어를 여기저기 계속 추가하라. 우리는 맞춤형 수업을 코끼리 우화에 비유한 바 있다. 이 오래된 우화는 우리가 "코끼리 한 마리를 어떻게 먹어야 하는가?"라는 질문에 대해 한 번에 한 입씩 먹어야 한다는 것을 알려 주고 있다.

우리는 부모와 학생들이 맞춤형 수업에 대한 개념과 이론적 근거를 이해하도록 도와주어야 한다. 우리 모두는 서로 다른 배경과 경험, 흥미 그리고 선호도를 가지고 있다. 따라서 학습 기회는 이러한 차이점을 반영하여 이해에 접근하고 기능을 개발하는 다양한 방법을 제공해야 한다. 맞춤형 수업은 모두를 위한 성공을 보장하는 신비스러운 전략이나 기법도 아니다. 추정컨대, 한 가지 사이즈로 모두에게 맞추고자 하는 것도 아니다. 사람들이 무엇이 맞춤형 수업인지 아닌지를 이해하도록 돕는 것이 중요하다(〈표 7-1〉 참조). 이는 교실에서 서로 다른 과제와 시간 계획으로 모든 사람이 편안하고 위협받지 않게 하기 위해서이다. 학생들이 서로 비슷하지만 서로 다르다는 사실을 명심하게 하라. 그리고 이러한 차이점을 학생들의 강점과 축하해야 할 영역뿐만 아니라 계속 성장해야 할 영역과 연결시키라.

〈표 7-1〉 맞춤형 수업의 속성 확인

맞춤형 수업이 아닌 것	맞춤형 수업
계열화(tracking)	융통성 있는 집단 편성
새로운 전략	학생 중심
정적인 수업	준비도에 근거
중간 수준에 맞추어 가르치기	모든 학습자를 위한 것
개별화된 수업	항상 변화
기대치 낮추기	개인의 흥미와 선호도에 부합
	학문적 성공 인식

설계 지침

〈표 7-2〉는 맞춤형 수업을 위한 설계 지침이다. 맞춤형 수업을 위한 빈 설계 지침 양식은 218쪽에 제시되어 있다.

〈표 7-2〉 맞춤형 수업을 위한 설계 지침

수업 주제/목표	기준
	• 학생들이 알고 수행할 수 있어야 하는 것-개념과 과정의 통합
내용, 기능, 성향 • 핵심 개념, 과정, 사고 기능	전략과 도구 • 활동과 경험의 기초가 되는 학습목표와 필수 질문을 강조하는 개념
학생 이해하기 • 흥미, 준비도, 선호도 • 사전평가 하기, 데이터를 활용하여 방법과 전략 및 집단 편성 패턴에 대한 정보 얻기, 학습에 대한 다양한 접근 고려하기	전략과 도구 • 사전평가, 퀴즈, 설문조사, K-W-L, '나에 대한 모든 것' 일지 • 다중지능, 학습 프로파일, 사전지식, 성별, 문화적 편견을 고려하기
두뇌 친화적 환경 설계하기 • 안전하고 안정된 분위기 창출하기, 마음챙김과 반성 고무하기, 신체 친화적 환경 설계하기, 적합한 좌석 배치와 집단 편성 설계하기, 학급 절차 설정하기, 관계와 공동체 의식 촉진하기	전략과 도구 • 교실 가구, 몰입, 집단 • 관리 체제 • 기본 요구 충족
참여와 흥미 및 에너지 강화하기! • 주제에 대한 학습자들의 흥미 자극하기, 호기심 유발하기, 참여 격려하기, 사전지식 활성화하기	전략과 도구 • 비디오 클립, 현장견학, 연사, 불일치 사례, 질문, 시범, 직접 경험
탐구하기 • 탐구 권장하기, 다중 시연 제공하기, 정보 묶기, 패턴 발견하기	전략과 도구 • 문제 중심 학습, 프로젝트 학습, 실행 연구, 스테이션/센터, 선택 탐구, 집단 활동
확대하고 확장하기 • 곤란을 겪는 학습자들을 위한 전략 제공하기, 기본 이해 확장하기, 깊이와 복잡성 강화하기, 측면 심화 기회 설계하기	전략과 도구 • 테크놀로지 통합, 멀티미디어, 실행 연구, 공동체/서비스 프로젝트
평가하고 사정하기 • 학습자들의 준비도 사전평가 하기, 빈번하고 지속적인 형성평가 조직하기, 학생들에게 정확한 피드백 제공하기, 유의미한 총괄평가 창안하기	전략과 도구 • 루브릭, 교사 제작 검사, 산출물, 프레젠테이션, 포트폴리오, 저널/노트북

중학교 2학년 수업에 대한 설계 지침 샘플은 〈표 7-3〉에 제시되어 있다.

〈표 7-3〉 설계 지침 샘플: 더 스마트한 두뇌로 성장하기(중학교 2학년)

수업 주제/목표	기준
• '더 스마트한 두뇌로 성장하기: 모든 사람들이 자신의 지능을 어떻게 향상시킬 수 있는가!'(성장 마인드셋과 고정 마인드셋)	• 1.3.M. 긍정적인 자아상에 기여하는 자질 확인하기 • 2.1.G. 성장과 발달, 관계…… 등에 미칠 수 있는 내적 · 외적 영향 분석하기
내용, 기능, 성향	**전략과 도구**
• 풍부한 환경 속에서의 다양한 감각적 경험은 두뇌의 성장과 발달을 자극할 수 있다. • 성장 마인드셋과 노력은 일생을 통하여 더 스마트해지는 데 기여할 수 있다. • 자기 대화와 다른 사람으로부터의 피드백이 자신의 (성장과 고정) 마인드셋에 영향을 미칠 수 있다.	내용을 리뷰하고 다음과 같은 개념을 확인하라. • 신경 가소성(neural plasticity) • 고정 마인드셋과 성장 마인드셋(Dweck, 2006). • 내적 대화 • 성공적인 사람들의 특질
학생 이해하기	**전략과 도구**
• 35%가 영어 학습자들 • 두 학급은 학습자들이 많은 자원을 가진 것으로 확인 • 학생들은 대중문화와 음악 그리고 스포츠 인물에 관심	• PPT: "스마트해진다는 것이 무엇을 의미하는가?" • 혼자 생각하기-파트너와 나누기-전체와 공유하기 • PPT: "사람들이 스마트하게 태어나는가? 누가 더 스마트한가?" • 다중 선택, 집단 토론 • PPT: "자신의 어떤 두뇌 영역이 잘 발달되었는가? 어떤 영역을 성장시키고 싶은가?"
두뇌 친화적 환경 설계하기	**전략과 도구**
• 초빙 교사 제시-소개/배경 제시 • PPT 프레젠테이션 제시-조명과 음향 점검 • 절차 리뷰	• 학생들이 4명이 한 집단이 되어 테이블에 앉는다. • 활동 파트너를 선정한다. • 노트 필기를 위해 그래픽 조직자를 제공한다. • 빨간색/초록색 반응 카드-테이블 컵

참여와 흥미 및 에너지 강화하기!	전략과 도구
• PPT 제시: "우리가 태어날 때 이미 수학, 스포츠, 미술 등에 능숙하게 태어나는가?"	• 비디오 클립: Michael Jordan
• PPT 제시: 'Diamond의 쥐의 신경 가소성 실험'	• 시각자료: 두뇌, 뉴런, 쥐, 스포츠/팝 스타
• '점 9개' 퍼즐과 착시 클립─계속 시도하라!	• 착시: 애니메이션 클립, 회전하는 소녀
	• 퍼즐: (노트 필기 페이지에) '점 9개'
탐구하기	**전략과 도구**
• 수상돌기를 가진 뉴런이 무엇처럼 보이는지 분석하기	• PPT─10개의 뉴런 사진 제시
• 토론: "자신의 어떤 두뇌 영역이 잘 발달되었는가?"	• 팔과 손, 손가락을 이용하여 시범
• 토론: "자신의 어떤 두뇌 영역을 성장시키고 싶은가?"	• 수상돌기를 가진 뉴런을 조직자에 스케치
	• 활동 파트너와 공유하고 토론
• 비디오 클립 시청: "아이를 위한 두뇌 규칙" (Brain Rules for Baby)	• 그래픽 조직자(빅 브레인)에 기록
	• 비디오 클립을 집단 구성원들과 토론
확대하고 확장하기	**전략과 도구**
• '점 9개' 퍼즐 제시─학생들이 어떻게 인내심을 갖고 계속하는지 반성하게 하라.	• 그래픽 조직자에 '점 9개' 퍼즐 제시
• '회전하는 소녀' 동영상 클립 제시─계속 시도하라! 서로 격려하게 하라─다양한 전략을 시도하라.	• PPT에 애니메이션 클립 제시
	• 역할극 제시
	• 학생들의 내적 대화 토론
• 3명의 학생들에게 역할극을 읽게 하라─내면의 마인드셋 목소리	
평가하고 사정하기	**전략과 도구**
• 학생들이 자신의 현재 마인드셋을 어떻게 발달시켰는지 반성하게 하라.	• 활동 파트너─공유
• 학생들이 자신의 마인드셋을 변화시킬 수 있는 방법을 브레인스토밍 하게 하라.	• 성장 마인드셋을 형성하기 위한 두 가지 전략 기록─그래픽 조직자

〈표 7-4〉는 5E를 활용한 맞춤형 수업설계 지침의 또 다른 사례이다.

〈표 7-4〉 5E를 활용한 맞춤형 수업설계 지침

수업 주제/목표 • 자음 p	기준
내용, 기능, 성향 • 편지를 쓰고 자음 p로 시작하는 단어를 인식할 수 있다.	전략과 도구 • 이전에 배운 자음 발음과 문자를 복습하게 하라.
학생 이해하기 • 50%가 영어 학습자들 • 30%가 빈곤층 아동들 • 학생들은 다양한 학습 선호 양식을 가지고 있다: 시각, 청각, 촉각, 운동감각	전략과 도구 • 'Peter Piper picked a peck of pickled peppers(피터 파이퍼가 절인 고추 한 팩을 집었다).'와 같은 발음하기 어려운 어구들(tongue twisters) • 학생들이 p 단어를 발음할 때 손거울을 가지고 입 모양을 보게 하라. • 혼자 생각하기-파트너와 나누기-전체와 공유하기 • 센터
두뇌 친화적 환경 설계하기 • 다양한 차원의 교실 • 청각 기회 • 직접 해 보는 자료 • 시각자료와 그림	전략과 도구 • 학생들이 교사 옆에서 이야기를 보고 들을 수 있는 좌석 배치 • 센터에는 학생들이 독자적으로 그리고 협력해서 활동할 수 있는 자료와 공간을 마련
참여와 흥미 및 에너지 강화하기! • 자음과 이와 연결된 발음을 연습하기 위해 전체 집단과 이야기 또는 발음하기 어려운 어구들을 읽게 하라.	전략과 도구 • 이야기 • 차트: 발음하기 어려운 어구들
탐구하기 • 구체적인 학생들에게 단순한 활동에서 더 복잡한 활동까지 다양한 센터 활동을 배정하거나 학생들이 선택하게 할 수 있다.	전략과 도구 • 센터에서 활동하며 자음을 구분하고 p로 시작하는 그림과 단어를 확인하게 하라. • 서닐 실이나 점토와 같은 재료로 p자를 만들게 하라. • 잡지나 카탈로그에서 p로 시작하는 모든 단어를 자르게 하라.

	• p로 시작하는 그림과 p로 시작하지 않는 그림을 분류하게 하라. • p, b, d로 시작하는 대상을 분류하게 하라. • 그림을 그리고 그림에 적합한 단어 표찰을 작성하게 하라.
확대하고 확장하기 • 자음을 인식하는 데 도움이 필요한 학생들과 소집단에서 활동하게 하라. 그리고 청각과 그림 단서가 포함된 컴퓨터 프로그램에서 문자와 그림을 연결하게 하라. • 준비도 수준이 높은 학생들은 자신이 발음하기 어려운 어구들을 쓰게 하는 더 복잡한 과제를 제시할 수 있다. 심화를 위해 컴퓨터 프로그램을 제공할 수도 있다.	**전략과 도구** • 소집단 코칭 • 컴퓨터 보조 학습
평가하고 사정하기 • 학생들이 센터에서 활동하는 동안 평가를 하고 활동과 이해 여부를 점검하라.	**전략과 도구** • 센터에서의 창작물, 토론과 관찰

　우리는 학생들이 우리의 과거가 아닌 그들의 미래를 위해 준비하기를 바란다. 우리가 학생들을 가르치는 것은 시험을 위해서가 아니라 그들의 삶을 위해서이다. 21세기에 필요한 기능을 고려할 때, 교육자로서 우리는 학생들을 위해 이러한 기능의 모델이 되어야 한다. 모든 학생이 자신의 능력을 최대한 발휘하여 성장하기를 바란다면, 교육과정을 설계할 때 창의적이고 비판적인 사고자가 되는 것을 시범 보이는 것이 중요하다. 문제를 해결하고 상황에 도전하는 것 역시 성공적인 교육자를 위해 필요한 자질이다. 데이터를 활용하여 의사결정을 내리는 것도 맞춤형 수업 과정과 새로운 정보를 융통성 있게 받아들이고 조절하는 데 중요하다. 이용 가능한 자원과 때로는 이용하기 힘든 자원을 활용하는 것도 학습을 위한 계획을 수립하는 데 매우 중요하다. 학생들과 동료 교사들과의 효과적인 의사소통도 학생들의 요구와 강점 그리고 선호도를 더 잘 확인하는 데 도움을 준다.

우리는 교육자들이 책을 읽거나 회의에 참석함으로써 하루아침에 변화되는 것이 아니라 동료와 리더로부터 지원받은 반성적 실천(reflective practice)을 통해 변화된다는 것을 깨닫고 있다. 교사 자기평가(Teacher Self-Assessment, 219쪽)는 이미 수행할 준비가 되어 있는 것을 축하해 줄 뿐만 아니라 다음 단계에 초점을 두어야 할 것을 준비하는 데 활용할 수 있다. 우리는 교육자로서 계속 성장하는 것이 모든 교육자들의 목표라는 것을 믿고 있다. 이러한 목표를 성취하고 더 많은 학습자에게 다가가기 위해 실제를 변화시킬 필요가 있다. 따라서 합리적인 목표를 설정하여 연습하고 반성하고 다시 수행하라. 시간이 걸릴 수도 있기는 하지만, 마침내 질적으로 좋은 변화, 근원적인 변화가 이루어진다. 모두의—특히 우리 학생들의—혜택을 위해 그만큼 시간을 투자할 만한 가치가 있다.

 아이들은 마치 나무와 같다

> 아이들은 나무와 매우 유사하다.
>
> 나무는 종류와 모습이 서로 다르다.
>
> 이들 중 일부는 탁 트인 곳에서 세를 확장하기 위해 많은 공간을 차지하며 성장해 왔으며,
>
> 다른 것들은 그들 주변에 있는 숲의 영향을 받으며 생존해 왔다.
>
> 어떤 나무는 지지대에 의지하여 똑바로 유지하고,
>
> 반면에, 다른 나무는 최소한의 가지치기로 자연스럽게 성장해 왔다.
>
> 어떤 아이들은 단단한 나무와 같은 반면, 다른 아이들은 부드러운 나무와 같다.
>
> 그늘이나 과일 또는 장식을 위해 가장 적합한 나무들처럼,
>
> 아이들은 나름대로 최적의 활용 능력을 가지고 있다.
>
> 일부 아이는 더 잘 드러나 보인다. 일부는 집단 활동을 더 잘한다.
>
> 다른 아이들은 혼자서 활동을 더 잘한다.
>
> 어떤 아이들은 강하고 건장하게 성장한다. 다른 아이들은 위험으로부터 보호가 필요하다.
>
> 그러나 모든 숲과 모든 나무 그리고 모든 아이는 독특하고 서로 다른 가치를 가지고 있다.
>
> 우리는 한 아이의 특징을 다른 아이에게 접목하려고 노력할 수도 있다. 그러나 우리는 야자수를 참나무로 만들거나 반대로 참나무를 야자수로 만들 수 없다는 것을 알고 있다.

우리가 할 수 있는 최선의 방법은 나무를 있는 그대로 받아들이고,

영양분을 주고, 빛을 주고 자연스러운 모양으로 부드럽게 가지치기를 하는 것이다.

그리고 우리는 아이들과 함께 활동하는 것이 마치 나무를 다루는 일과 마찬가지라는 사실을 기억해야 한다…….

최상의 결과를 얻기 위해서는 결대로 사포로 닦아 항상 나무결이 매끈해지도록 하라.

─작자 미상

맞춤형 수업의 기예는 부분의 합보다 더 크다

맞춤형 수업 분야는 기하급수적으로 성장하며 확장되고 있다. 일부 전략은 교육현장에 잘 적용되는 것으로 확인되어, 수십 년 동안 성공적으로 인기를 유지해 왔다. 보다 새로운 아이디어들이 우리의 최상의 실제 리스트에 지속적으로 통합되고 있다. 테크놀로지 혁신이 실행 가능한 전략의 전체 범주를 더욱 확장하고 있다. 언제, 어디서 수정을 하고, 언제 독려하고, 언제 힘을 내도록 해야 하는지를 이해하고 창의적인 프로젝트와 수행을 설계하여 모든 학생을 위한 강력한 학습 환경을 조직하는 것 모두가 맞춤형 수업의 기예의 중요한 부분이다.

교사는 언제든지, 자신의 교육철학과 수집된 다양한 데이터 그리고 다음과 같은 준거에 근거하여 다양한 전략과 아이디어 및 과제를 선정할 수 있다.

- 학생들의 준비도 수준과 선행지식
- 학생들의 일반 행동과 의지
- 학습양식과 지능 프로파일
- 교실의 물리적 환경
- 활용 가능한 수업 자료
- 활용 가능한 테크놀로지
- 마감 시간과 요구되는 과제

- 계절 및 기후와 관련된 환경
- 교사와 학생들의 에너지 수준

크게 생각할 수 있는 기회는 무한하다. 맞춤형 수업의 기예는 이제 그 부분의 합보다 훨씬 더 크다. 교사가 학생들의 학습에 변화를 가져온다는 것은 분명한 사실이다. 반응적인 수업을 더 정확하게 설계하는 것이 학생들의 성공에 실질적인 영향을 미칠 수 있다. 모든 사람을 위한 긍정적인 마인드셋이 더해지면, 교사와 학생들의 성공이 자연스럽게 뒤따르게 될 것이다.

요약

학생들의 8가지 차별적인 특성   디지털 시대 학생들의 특성에 대한 리뷰: 207쪽

맞춤형 수업의 속성 확인   맞춤형 수업의 속성에 대한 '예' '아니요' 사례를 표로 제시: 209쪽

설계 지침   맞춤형 수업을 설계할 때 고려해야 할 샘플 지침 제시: 210쪽

설계 지침 샘플   설계 지침을 서로 다른 학년과 내용에 활용한 몇 가지 샘플 제시: 211쪽

'아이들은 마치 나무와 같다' 시   토론과 반성을 촉진하는 시 제시: 215쪽

교사 자기평가: 맞춤형 교육과정과 수업의 실제   교사용 자기평가는 교실에서 이미 이루어지고 있는 것과 다음에 어떤 행동이 강조되어야 하는지에 대한 간격을 분석하는 데 활용할 수 있다: 219쪽

맞춤형 수업을 위한 설계 모형

수업 주제/목표	기준
내용, 기능, 성향	전략과 도구
학생 이해하기	전략과 도구
두뇌 친화적 환경 창안하기	전략과 도구
참여와 흥미 및 에너지 강화하기	전략과 도구
탐구하기	전략과 도구
확대하고 확장하기	전략과 도구
평가하고 사정하기	전략과 도구

교사 자기평가:
맞춤형 교육과정과 수업의 실제

다음과 같은 자기평가를 활용하여 개인적인 목표를 설정하고 다음 단계에서 초점을 두어야 할 것을 고안하라.

아래 진술문을 읽고, 자신이 해당 전략을 교실에서 정규적으로 활용하는 정도와 가장 가깝게 기술한 반응에 체크하라.

1=전혀 활용하지 않음	2=거의 활용하지 않음	3=가끔 활용	4=정기적으로 활용

나는 수업을 계획하기 전에 내가 활용할 평가방법을 결정한다.

1   2   3   4

나는 학생들의 준비도를 확인하기 위해 사전평가를 한다.

1   2   3   4

나는 수업 계획을 이끌어가기 위해 형성평가를 지속적으로 활용한다.

1   2   3   4

나는 학생들에게 '흥미' 조사를 하거나 자기평가를 제출하도록 한다.

1   2   3   4

나는 학생들이 자신의 다중지능 프로파일을 이해하고 있는지 조사한다.

1   2   3   4

나는 수업 시간에 다양한 수업전략을 활용한다.

1   2   3   4

나는 수업의 속도를 개별 학생의 요구에 맞추어 조절한다.

1   2   3   4

나는 교육과정 내용을 학생들의 준비도에 가장 적합하게 조절한다.

1   2   3   4

나는 학생들의 능력에 맞는 다양한 자원과 텍스트를 제공한다.

1   2   3   4

나는 동기유발을 촉진하기 위해 주제나 과정 또는 결과물을 선택하게 한다.

          1   2   3   4

나는 다중지능을 반영하는 과제와 활동을 제공한다.

          1   2   3   4

나는 학생들의 요구에 따라 집단을 조직하기 위해 융통성 있는 집단 편성을 계획하고 활용한다.

          1   2   3   4

나는 학생들의 학습 선호도와 흥미에 따라 집단을 편성한다.

          1   2   3   4

나는 다양한 활동과 과제를 위한 절차와 구조를 가지고 있다.

          1   2   3   4

나는 수업 시간 동안 학생들이 움직일 수 있는 기회를 제공한다.

          1   2   3   4

나는 매 수업 시간에 확장 활동과 심화 활동을 준비한다.

          1   2   3   4

나는 학생들이 과제를 수행하는 동안 토론과 협력을 권장한다.

          1   2   3   4

나는 활동을 마친 학생들을 위해 항상 정착 활동을 준비한다.

          1   2   3   4

나는 다양한 유형의 총괄평가를 고안하여 숙달 여부를 확인한다.

          1   2   3   4

나는 루브릭을 고안하여 학생들이 평가 준거를 알 수 있도록 도와준다.

          1   2   3   4

참고문헌

Anderson, L., & Krathwohl, D. (Eds.). (2001). *A taxonomy for learning, teaching, and assessing: A revision of Bloom's taxonomy of educational objectives.* New York: Addison, Wesley Longman.

Aronson, E. (1978). *The jigsaw classroom.* Thousand Oaks, CA: SAGE.

Bender, W. N. (2009). *Beyond the RTI pyramid: Solutions for the first years of implementation.* Bloomington, IN: Solution Tree Press.

Bender, W. N., & Shores, C. (2007). *Response to intervention: A practical guide for every teacher.* Thousand Oaks, CA: Corwin Press.

Black, P., Harrison, C., Lee, C., Marshall, B., & Wiliam, D. (2004). Working inside the black box: Assessment for learning in the classroom. *Phi Delta Kappan, 86*(1), 9–21.

Black, P., & Wiliam, D. (2009). Developing the theory of formative assessment. *Educational Assessment, Evaluation, and Accountability, 21,* 5–31.

Blakemore, S.-J., & Frith, U. (2005). *The learning brain: Lessons for education.* Malden, MA: Blackwell.

Blakemore, S.-J., Burnett, S., & Dahl, R. (2010). The role of puberty in the developing adolescent brain. *Human Brain Mapping, 31,* 926–933.

Brain, M. (2000, April 1). *How laughter works.* Accessed at http://health.howstuffworks.com/mental-health/human-nature/other-emotions/laughter.htm on April 14, 2010.

Bridgeland, J. M., Dilulio, J. J., & Morison, K. B. (2006). *The silent epidemic: Perspectives of high school dropouts.* Washington, DC: Civic Enterprises.

Brooks, R., & Goldstein, S. (2008). The mindset of teachers capable of fostering resilience in students. *Canadian Journal of School Psychology, 23,* 114–126.

Buffum, A., Mattos, M., & Weber, C. (2009). *Pyramid response to intervention: RTI, professional learning communities, and how to respond when kids don't learn.* Bloomington, IN: Solution Tree Press.

Burmark, L. (2002). *Visual literacy: Learn to see, see to learn.* Alexandria, VA: Association for Supervision and Curriculum Development.

Caine, G., & Caine, R. N. (1997). *Education on the edge of possibility.* Alexandria, VA: Association for Supervision and Curriculum Development.

Caine, G., & Caine, R. N. (2007). *Natural learning: The basis for raising and sustaining high standards of real world performance.* Accessed at www.naturallearninginstitute.org/UPDATEDSITE/DOCUMENTS/POSITION_PAPER.pdf on May 11, 2011.

Caine, R. N., Caine, G., McClintic, C., & Klimek, K. (2005). *12 brain/mind learning principles in action.* Thousand Oaks, CA: Corwin Press.

Carvin, A. (2006, October 16). Should school teach SMS text messaging? [Web log post]. Accessed at www.pbs.org/teachers/learning.now/2006/10/do_students_need_to_learn_text.html on May 5, 2011.

Covey, S. (1989). *The seven habits of highly effective people: Restoring the character ethic.* New York: Simon & Schuster.

Csikszentmihalyi, M. (1990). *Flow: The psychology of optimal experience.* New York: HarperCollins.

Damasio, A. (2003). *Looking for Spinoza: Joy, sorrow, and the feeling brain.* New York: Harcourt.

Damasio, A. R. (1994). *Descartes' error: Emotion, reason, and the human brain.* New York: Putnam.

de Bono, E. (1985). *Six thinking hats.* New York: Little, Brown.

Diamond, M., & Hopson, J. (1998). *Magic trees of the mind: How to nurture your child's intelligence, creativity, and healthy emotions from birth through adolescence.* New York: Penguin.

Diamond, M. C. (1967). Extensive cortical depth measurements and neuron size increases in the cortex of environmentally enriched rats. *Journal of Comparative Neurology, 131,* 357–364.

Doyle, M., & Straus, D. (1976). *How to make meetings work!* New York: Penguin.

Dunn, K., & Dunn, R. (1987). Dispelling outmoded beliefs about student learning. *Educational*

Leadership, 44(6), 55-61.

Dweck, C. S. (2006). *Mindset: The new psychology of success.* New York: Random House.

Earl, L. (2003). *Assessment as learning: Using classroom assessment to maximize student learning.* Thousand Oaks, CA: Corwin Press.

Eisner, E. W. (1983). The art and craft of teaching. *Educational Leadership, 40*(4), 4-13.

Ferriter, W. M., & Garry, A. (2010). *Teaching the iGeneration: 5 easy to introduce essential skills with Web 2.0 tools.* Bloomington, IN: Solution Tree Press.

Fitzgerald, R. (1996). Brain-compatible teaching in a block schedule. *School Administrator, 53*(8), 20-21, 24.

Freedman, J. (2007). *The neural power of leadership: Daniel Goleman on social intelligence.* Accessed at www.6seconds.org/2007/02/27/the-neural-power-of-leadership-daniel-goleman-on-social-intelligence on July 1, 2011.

Fuster, J. M. (2003). *Cortex and mind: Unifying cognition.* New York: Oxford University Press.

Gardner, H. (1993). *Multiple intelligences: The theory in practice.* New York: Basic Books.

Gardner, H. (2006). *Multiple intelligences: New horizons in theory and practice.* New York: Basic Books.

Geake, J. G. (2009). *The brain at school: Educational neuroscience in the classroom.* New York: McGraw-Hill.

Gee, J. P. (2007). *What video games have to teach us about learning and literacy* (2nd ed.). New York: Palgrave Macmillan.

Gersten, R., Compton, D., Connor, C. M., Dimino, J., Santoro, L., Linan-Thompson, S., et al. (2009). *Assisting students struggling with reading: Response to intervention and multi-tier intervention in the primary grades* (NCEE 2009-4045). Washington, DC: National Center for Education Evaluation and Regional Assistance. Accessed at http://ies.ed.gov/ncee/wwc/publications/practiceguides/ on April 18, 2011.

Gibbs, J. (2008). *Reaching all by crating TRIBES learning communities* (30th anniversary ed.). Windsor, CA: CenterSource Systems.

Given, B. K. (2002). *Teaching to the brain's natural learning systems.* Alexandria, VA: Association for Supervision and Curriculum Development.

Goleman, D. (2006a, December 27). Aiming for the brain's sweet spot. *New York Times.* Accessed at http://opinionator.blogs.nytimes.com/2006/12/27/aiming-for-the-brains-sweet-spot/ on May 12, 2011.

Goleman, D. (2006b). Teaching to student strengths: The socially intelligent leader. *Educational Leadership, 64*(1), 76–81.

Gopnik, A., Meltzoff, A. N., & Kuhl, P. K. (1999). *The scientist in the crib: What early learning tells us about the mind.* New York: HarperCollins.

Gordon, W. J. J. (1961). *Synectics.* New York: Harper & Row.

Gregorc, A. (1982). *Inside styles: Beyond the basics.* Columbia, CT: Gregorc Associates.

Gregory, G. H. (2005). *Differentiating instruction with style: Aligning teacher and learner intelligences for maximum achievement.* Thousand Oaks, CA: Corwin Press.

Gregory, G. H. (2008). *Differentiated instructional strategies in practice: Training, implementation, and supervision* (2nd ed.). Thousand Oaks, CA: Corwin Press.

Gregory, G. H., & Chapman, C. (2007). *Differentiated instructional strategies: One size doesn't fit all* (2nd ed.). Thousand Oaks, CA: Corwin Press.

Gregory, G. H., & Herndon, L. E. (2010). *Differentiated instructional strategies for the block schedule.* Thousand Oaks, CA: Crowin Press.

Gregory, G. H., & Kuzmich, L. (2004). *Data driven differentiation in the standards–based classroom.* Thousand Oaks, CA: Corwin Press.

Gregory, G. H., & Kuzmich, L. (2005). *Differentiated literacy strategies for student growth and achievement in grades K–6.* Thousand Oaks, CA: Corwin Press.

Gregory, G. H., & Parry, T. (2006). *Designing brain–compatible learning* (Rev. ed.). Thousand Oaks, CA: Corwin Press.

Guild, P. B., & Garger, S. (1985). *Marching to different drummers.* Alexandria, VA: Association for Supervision and Curriculum Development.

Guskey, T. (2007). Using assessment to improve teaching and learning. In D. Reeves (Ed.), *Ahead of the curve: The power of assessment to transform teaching and learning* (pp. 15–29). Bloomington, IN: Solution Tree Press.

Hanniford, C. (2005). *Smart moves: Why learning is not all in your head* (2nd ed.). Salt Lake City, UT: Great River Books.

Hart, L. A. (1998). *Human brain and human learning.* Kent, WA: Books for Educators.

Hathaway, W. E., Hargreaves, J. A., Thompson, G. W., & Novitsky, D. (1992). *A study into the effects of light on children of elementary school age: A case of daylight robbery* (ERIC Document Reproduction Service No. ED343686). Edmonton, AB: Alberta Education. Accessed at www.eric.ed.gov/PDFS/ED343686.pdf on April 15, 2011.

Haynes, J.-D., Sakai, K., Rees, G., Gilbert, S., Frith, C., & Passingham, R. E. (2007). Reading hidden intention in the human brain. *Current Biology, 17*, 323-328.

Healy, J. (2010). *Different learners: Identifying, preventing, and treating your child's learning problems.* New York: Simon & Schuster.

Heuer, R. J., Jr. (1999). *Psychology of intelligence analysis.* Washington, DC: Center for the Study of Intelligence.

Hill, S., & Hancock, J. (1993). *Reading and writing communities.* Armidale, Australia: Eleanor Curtin.

Horstman, J. (2009). *The Scientific American day in the life of your brain.* San Francisco: Wiley.

Immordino-Yang, M. H., & Damasio, A. (2007). We feel, therefore we learn: The relevance of affective and social neuroscience to education. *Mind, Brain, and Education, 1*(1), 3-10.

Jarrett Thoms, K. (n.d.). *They're not just big kids: Motivating adult learners.* St. Cloud, MN: St. Cloud State University. Accessed at http://frank.mtsu.edu/~itconf/proceed01/22.html on April 18, 2011.

Johnson, D., & Johnson, R. (1991). *Cooperative learning.* Edina, MN: Interaction Book Company.

Johnson, D. W., Johnson, R. T., & Holubec, E. J. (1998). *Cooperation in the classroom.* Edina, MN: Interaction Book Company.

Kaiser Family Foundation. (2010). *Generation M2: Media in the lives of 8-12 year olds.* Menlo Park, CA: Author.

Kaplan, S., Gould, B. (2005). *The flip book, too: More quick and easy methods for developing differentiated learning experiences.* Calabasas, CA: Educator to Educator.

Kaplan, S., Gould, B., & Siegel, V. (1995). *The flip book: A quick and easy method for developing differentiated learning experiences.* Calabasas, CA: Educator to Educator.

Kaufeldt, M. (2005). *Teachers, change your bait! Brain-compatible differentiated instruction.* Bethel, CT: Crown House.

Kaufeldt, M. (2010). *Begin with the brain: Orchestrating the learner-centered classroom* (2nd ed.). Thousand Oaks, CA: Corwin Press.

Klopfer, E. (2008). *Augmented learning: Research and design of mobile educational games.* Cambridge, MA: MIT Press.

Levine, M. D. (1990). *Keeping a head in school: A student's book about learning abilities and learning disorders.* Cambridge, MA: Educators.

Lortie, D. C. (2002). *Schoolteacher: A sociological study* (2nd ed.). Chicago: University of Chicago Press.

Lou, Y., Alorami, P. C., Spence, J. C., Paulsen, C., Chambers, B., & d'Apollonio, S. (1996). Within-class grouping: A meta-analysis. *Review of Educational Research, 66*(4), 423–458.

Louv, R. (2011). *The nature principle: Human restoration and the end of nature-deficit disorder.* Chapel Hill, NC: Algonquin Books of Chapel Hill.

Lyman, F. T. (1981). The responsive classroom discussion: The inclusion of all students. In A. Anderson (Ed.), *Mainstreaming digest* (pp. 109–113). College Park: University of Maryland Press.

Maguire, E. A., Frith, C. D., & Morris, R. G. M. (1999). The functional neuroanatomy of comprehension and memory: The importance of prior knowledge. *Brain, 122*(10), 1839–1850.

Marzano, R. J. (2007). *The art and science of teaching: A comprehensive framework for effective instruction.* Alexandria, VA: Association for Supervision and Curriculum Development.

Marzano, R. J., & Brown, J. L. (2009). *A handbook for the art and science of teaching.* Alexandria, VA: Association for Supervision and Curriculum Development.

Marzano, R. J., Pickering, D. J., & Pollock, J. E. (2001). *Classroom instruction that works: Research-based strategies for increasing student achievement.* Alexandria, VA: Association for Supervision and Curriculum Development.

Maxwell, L. E., & Evans, G. W. (n.d.). *Design of child care centers and effects of noise on young children.* Accessed at www.designshare.com/index/php/articles/chronic-noise-and-children on April 18, 2011.

Mayer, R. E. (2010). Applying the science of learning to instruction in school subjects. In R. Marzano (Ed.), *On excellence in teaching* (pp. 93–112). Bloomington, IN: Solution Tree Press.

McDaniel, C. (2003, May). *Misconceptions persist despite repeated testing.* Paper presented at the 15th annual convention of the American Psychological Society, Atlanta, GA. Accessed at www.psychologicalscience.org/cfs/program/view_submission.cfm?Abstract_ID=4095 on April 18, 2011.

Medina, J. (2008). *Brain rules: 12 principles for surviving and thriving at work, home, and school.* Seattle, WA: Pear Press.

Medina, J. (2010). *Brain rules for baby: How to raise a smart and happy child from zero to five*. Seattle, WA: Pear Press.

Meltzoff, A. N. (1999). Origins of theory of mind, cognition and communication. *Journal Communication Disorders, 32*, 251–269.

National Research Council. (2000). *How people learn: Brain, mind, experience, and school*. Washington, DC: Author.

O'Connor, K. (2007). *A repair kit for grading: 15 fixes for broken grades*. Portland, OR: Educational Testing Service.

O'Connor, K. (2009). *How to grade for learning, K–12*. Thousand Oaks, CA: Corwin Press.

Ogle, D. M. (1986). K–W–L: A teaching model that develops active reading of expository text. *Reading Teacher, 39*, 564–570.

O'Keefe, J., & Nadel, L. (1978). *The hippocampus as a cognitive map*. Oxford, England: Clarendon Press.

Ornstein, R., & Sobel, D. (1987). *The healing brain*. New York: Simon & Schuster.

Ornstein, R., & Thompson, R. F. (1984). *The amazing brain*. Boston: Houghton Mifflin.

Panksepp, J. (1998). *Affective neuroscience: The foundations of human and animal emotions*. New York: Oxford University Press.

Pert, C. B. (1997). *Molecules of emotion: The science behind mind–body medicine*. New York: Scribner.

Posner, M., & Rothbart, M. (2007). *Educating the human brain*. Washington, DC: American Psychological Association.

Prensky, M. (2001). *Digital natives, digital immigrants*. Accessed at www.marcprensky.com/writing/prensky%20–%20digital%20natives,%20digital%20immigrants%20–%20part1.pdf on November 15, 2009.

Prensky, M. (2010). *Teaching digital natives: Partnering for real learning*. Thousand Oaks, CA: Corwin Press.

Rabin, R. C. (2010, December 20). Reading, writing, 'rithmetic and relationships [Blog post]. *New York Times*. Accessed at http://well.blogs.nytimes.com/2010/12/20/reading-writing-rithmetic-and-relationships/?scp=1&sq=reading,%20writing,%20rithmetic%20and%20relationships&st=cse on April 18, 2011.

Ratey, J. J. (2008). *Spark: The revolutionary new science of exercise and the brain*. New York: Little, Brown.

Reeves, D. (2000). Standards are not enough: Essential transformations for school success. *NASSP Bulletin, 84,* 5-19.

Reeves, D. B. (2008). Leading to change/effective grading practices. *Educational Leadership, 65*(5), 85-87.

Reynolds, G. (2010). Phys ed: Can exercise make kids smarter? [Web log post]. *New York Times.* Accessed at http://well.blogs.nytimes.com/2010/09/15/phys-ed-can-exercise-make-kids-smarter/?emc=eta1 on May 4, 2011.

Rosenshine, B. (1997). Advances in research on instruction. In J. W. Lloyd, E. J. Kame'enui, & D. Chard (Eds.), *Issues in educating students with disabilities* (pp. 197-221). Mahwah, NJ: Lawrence Erlbaum.

Shaughnessy, R. J., Haverinen-Shaughnessy, U., Nevalainen, A., & Moschandreas, D. (2006). A preliminary study on the association between ventilation rates in classrooms and student performance. *Indoor Air, 16*(6), 465-468.

Shaw, P., Greenstein, D., Lerch, J., Clasen, L., Lenroot, R., Gogtay, N., et al. (2006). Intellectual ability and cortical development in children and adolescents. *Nature, 440,* 676-679.

Silver, H. F., & Perini, M. (2010). The 8 C's of engagement: How learning styles and instructional design increase student commitment to learning. In R. Marzano (Ed.), *On excellence in teaching* (pp. 319-344). Bloomington, IN: Solution Tree Press.

Small, G., & Vorgan, G. (2008). *iBrain: Surviving the technological alteration of the modern mind.* New York: HarperCollins.

Smilkstein, R. (2003). *We're born to learn: Using the brain's natural learning process to create today's curriculum.* Thousand Oaks, CA: Corwin Press.

Sousa, D. A. (2001). *How the brain learns* (2nd ed.). Thousand Oaks, CA: Corwin Press.

Sousa, D. A. (2006). *How the brain learns* (3rd ed.). Thousand Oaks, CA: Corwin Press.

Sousa, D. A. (Ed.). (2010). *Mind, brain, and education: Neuroscience implications for the classroom.* Bloomington, IN: Solution Tree Press.

Sousa, D. A. (2011). *What principles need to know about the basics of crating brain-compatible classrooms.* Bloomington, IN: Solution Tree Press.

Sousa, D. A., & Tomlinson, C. A. (2011). *Differentiation and the brain: How neuroscience supports the learner-friendly classroom.* Bloomington, IN: Solution Tree Press.

Squire, L., & Kandel, E. (2000). *Memory: From mind to molecules.* New York: Scientific American Library.

Stiggins, R. J. (2001). *Student-involved classroom assessment* (3rd ed.). Upper Saddle River, NJ: Merrill/Prentice Hall.

Storm, E. E., & Tecott, L. H. (2005). Social circuits: Peptidergic regulation of mammalian social behavior. *Neuron, 47*, 483–486.

Sutton, J. (2004). *Distributed models of memory.* Accessed at http://plato.stanford.edu/entries/memory/ on April 18, 2011.

Sylwester, R. (1995). *Celebration of neurons: An educator's guide to the brain.* Alexandria, VA: Association for Supervision and Curriculum Development.

Sylwester, R. (2010). *A child's brain: The need for nurture.* Thousand Oaks, CA: Corwin Press.

Szücs, D., & Goswami, U. (2007). Educational neuroscience: Defining a new discipline for the study of mental representations. *Mind, Brain, and Education, 1*(3), 114–127.

Tapscott, D. (2009). *Grown up digital: How the net generation is changing your world.* New York: McGraw-Hill.

TeacherVision. (n.d.). *Teaching students with special needs.* Accessed at www.teachervision.fen.com on April 18, 2011.

Tilton, L. (1996). *Inclusion: A fresh look — Practical strategies to help all students succeed.* Shorewood, MN: Covington Cove.

Tomlinson, C. A. (1999a). *The differentiated classroom: Responding to the needs of all learners.* Alexandria, VA: Association for Supervision and Curriculum Development.

Tomlinson, C. A. (1999b). *How to differentiate instruction in mixed-ability classrooms.* Alexandria, VA: Association for Supervision and Curriculum Development.

Tomlinson, C. A. (2010). Differentiating instruction in response to academically diverse student populations. In R. Marzano (Ed.), *On excellence in teaching* (pp. 247–270). Bloomington, IN: Solution Tree Press.

Tomlinson, C. A., & Strickland, C. A. (2005). *Differentiation in practice: A resource guide for differentiating curriculum, grades 9–12.* Alexandria, VA: Association for Supervision and Curriculum Development.

Vygotsky, L. S. (1978). *Mind in society: The development of higher psychological processes.* Cambridge, MA: Harvard University Press.

WebQuest.org. (2007). Creating WebQuests. Accessed at www.webquest.org/index-create.php on July 25, 2011.

Westerberg, T. (2009). Formative assessment: A powerful influence on teaching and learning.

Today's Catholic Teacher. Accessed at www.catholicteacher.com/archive/articles_view. php?article_id=2131 on May 11, 2011.

Wig, G. S., Grafton, S. T., Demos, K. E., & Kelley, W. M. (2005). Reductions in neural activity underlie behavioral components of repetition priming. *Nature Neuroscience, 8,* 1228–1233.

Wiggins, G. (1993). *Assessing student performance: Exploring the purpose and limits of testing.* San Francisco: Jossey-Bass.

Wiggins, G. (1998). *Educative assessment: Designing assessments to inform and improve student performance.* San Francisco: Jossey-Bass.

Wiggins, G., & McTighe, J. (1998). *Understanding by design.* Alexandria, VA: Association for Supervision and Curriculum Development.

Williams, F. E. (1993). The cognitive-affective interaction model for enriching gifted programs. In J. S. Renzulli (Ed.), *Systems and models for developing programs for the gifted and talented* (pp. 461–484). Melbourne, Australia: Hawker Brownlow.

Willingham, D. (2009). *Why students don't like school: A cognitive scientist answers questions about how the mind works and what it means for the classroom.* San Francisco: Jossey-Bass.

Willis, J. (2006). *Research-based strategies to ignite student learning: Insights from a neurologist and classroom teacher.* Alexandria, VA: Association for Supervision and Curriculum Development.

Willis, J. (2008). *How your child learns best: Brain-friendly strategies you can use to ignite your child's learning and increase school success.* Naperville, IL: Sourcebooks.

Willis, J. (2009). *Inspiring middle school minds: Gifted, creative, & challenging.* Scottsdale, AZ: Great Potential Press.

Willis, J. (2010). Want children to "pay attention?" Make their brains curious! *Psychology Today.* Accessed at www.psychologytoday.com/blog/radical-teaching/201005/want-children-pay-attention-make-their-brains-curious on April 18, 2011.

Wolfe, P. (2001). *Brain matters: Translating research into classroom practice* (2nd ed.). Alexandria, VA: Association for Supervision and Curriculum Development.

Wolfe, P., & Sorgen, M. (1990). *Mind, memory and learning: Implications for the classroom.* Napa, CA: Authors.

Zull, J. (2002). *The art of changing the brain.* Sterling, VA: Stylus.

찾아보기

내용

저자 소개

Gayle Gregory

- 초 · 중 · 고등학교 교사 및 커뮤니티 칼리지와 대학 교수 역임
- 교육과정 컨설턴트와 교직원 개발 코디네이터로 전 지역에 걸쳐 광범위한 경험
- New York 대학교 교육대학 학장 및 코스 관리자로 교사교육 프로그램 강의
- 마음, 두뇌, 교육 분야에 초점을 두고 신경과학과 인지심리 및 교육심리를 통합하는 데 관심
- 전문 영역: 두뇌 친화적 학습, 블록(중단위) 스케줄, 감성지능, 맞춤형 수업전략, 협력학습, 프레젠테이션 기술, 중등학교 개혁, 교사 자질 향상, 코칭과 멘토링, 변화 관리, 전문 학습 공동체 구축
- 많은 저서와 비디오 저작물을 통해 양질의 수업과 평가, 모든 연령의 학습을 위한 협력, 수업의 기예뿐만 아니라 모든 과학으로부터 학습하는 것을 통합하는 데 초점
- 자신과 다른 사람들을 위한 평생학습과 전문성 개발에 헌신
- 웹사이트: www.gaylegregory.com

Martha Kaufeldt

- 1977년부터 23년 동안 초 · 중 · 고등학교에서 강의
- 여러 교육청과 공동으로 영재와 심화학습 프로그램을 개발하면서 두뇌 친화적 교수 · 학습 전략에 관한 연구를 시작
- 5년간 Bay Area 중학교 프로젝트 프로그램 디렉터와 트레이너, 코치 역임
- 중학교 교사로 학제 간 수업 팀에서 근무
- 새로운 도전으로 캘리포니아 산타크루즈에 있는 대안 공립초등학교에서 4년간 구조 조정 코디네이터와 주임교사로 활동
- 두뇌 친화적 수업전략과 맞춤형 수업, 다연령 학급, 참평가, 학부모 참여, 갈등 조정 전략 강조
- 스케줄에 따라 자신의 '전략 도구상자'를 강화하기 위해 장기간 초빙교사로 교실을 순회
- 대규모 회의의 유명 연설자이자 전 세계적으로 워크숍과 훈련 담당
- 인간 행동과 발달 분야로 석사 학위
- 『Begin With the Brain: Orchestrating the Learner-Centered Classroom』『Teachers, Change your Bait! Brain Compatible Differentiated Instruction』 저자
- 웹사이트: www.beginwiththebrain.com

*전문성 개발을 위한 Gayle Gregory와 Martha Kaufeldt 예약 연락처: pd@solution-tree.com

역자 소개

조영남(Cho Young Nam)

choyna@dnue.ac.kr
경북대학교 사범대학 영어교육과(교육학 부전공)
경북대학교 대학원 교육학과 교육과정 및 방법 전공(교육학 석사 및 박사)
캐나다 British Columbia 대학교(UBC) 연구교수
호주 Technology Sydney 대학교(UTS) 연구교수
현 대구교육대학교 교육학과 교수

<저서 및 역서>
창의적 체험활동의 탐구(공저, 교육과학사, 2012)
맞춤형 수준별·개별화 수업 전략: 획일적 수업으로는 모두를 만족시킬 수 없다(공역, 학지사, 2014)
맞춤형 수준별·개별화 평가 전략: 한 가지 도구로 모든 것을 평가할 수 없다(공역, 아카데미프레스, 2016) 외 다수

생각은 크게, 시작은 작게

맞춤형 수업과 교육 신경과학

Think Big, Start Small:
How to Differentiate Instruction in a Brain-Friendly Classroom

2019년 1월 5일 1판 1쇄 인쇄
2019년 1월 10일 1판 1쇄 발행

지은이 • Gayle Gregory · Martha Kaufeldt
옮긴이 • 조영남
펴낸이 • 김진환
펴낸곳 • ㈜ **학지사**
　　　　04031 서울특별시 마포구 양화로 15길 20 마인드월드빌딩
대표전화 • 02-330-5114　　팩스 • 02-324-2345
등록번호 • 제313-2006-000265호

홈페이지 • http://www.hakjisa.co.kr
페이스북 • https://www.facebook.com/hakjisa

ISBN 978-89-997-1711-6　03370

정가 15,000원

이 도서의 국립중앙도서관 출판시도서목록(CIP)은 서지정보유통지
원시스템 홈페이지(http://seoji.nl.go.kr)와 국가자료공동목록시스템
(http://www.nl.go.kr/kolisnet)에서 이용하실 수 있습니다.
(CIP 제어번호: CIP2018036544)

교육문화출판미디어그룹 학지사

심리검사연구소 **인싸이트** www.inpsyt.co.kr
원격교육연수원 **카운피아** www.counpia.com
학술논문서비스 **뉴논문** www.newnonmun.com
간호보건의학출판 **학지사메디컬** www.hakjisamd.co.kr